왜 리더인가

반세기 경영
끝에 깨달은
마음의 법칙

# 왜 리더인가

이나모리 가즈오 | 김윤경 옮김

다산
북스

기업은 또 하나의 인격체다. 한 사람의 성공을 성적이나 지능만으로 가늠할 수 없듯이, 기업의 미래 또한 과학적이고 논리적으로만 예측할 수 없다. 그런 점에서 이나모리 가즈오 회장의 동양철학적 접근법은 미국 스타트업의 성공 방정식만 찾는 국내 창업가들에게 또 다른 형태의 울림을 준다.

**– 우아한형제들 김봉진 의장**

변화가 일상이 된 현장에서 살아남으려면 '모험가적 정신'이 필요하다. 이나모리 가즈오 회장은 부도 위기에 몰린 일본항공에 과감한 대개혁을 단행해 단 2년 만에 흑자로 전환시킨 '살아 있는 경영의 신'이다. 그 어느 때보다 기업 경영이 힘들어진 시대에, 반세기 이상의 세월을 관통하며 경영 최전선에서 현장을 진두지휘해온 그가 최후에 발견한 리더의 자격으로 '마음의 정진(精進)'을 꼽은 이유는 무엇일까? 이 책을 통해 그 답과 함께 마음의 힘으로 위기를 돌파해낼 방법을 찾을 수 있을 것이다.

**– LS그룹 구자열 회장**

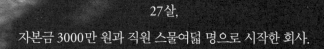

27살,

자본금 3000만 원과 직원 스물여덟 명으로 시작한 회사.

수도 없이 문전박대를 당하고

머리를 조아려야

직원들에게 겨우 월급을 줄 수 있었다.

차가 없어 하루 12시간을 걸어다녔지만

그것도 쌓이니 하나둘 거래처가 늘었다.

돌이켜보니 위기를 넘기고 사업을 키우는 건

인재도, 돈도, 능력도 아니었다.

가장 중요한 것은 '사람의 마음'이었다.

서릿발처럼 단단한 리더의 마음은

순식간에 주변에 퍼져 거대한 파장을 일으킨다.

회사는 바로 그 힘으로 성장한다.

어떤 미래가 펼쳐질지 모르는 불안한 시대,

당신은 리더로서 어떤 각오를 하고 있는가?

이제 당신이 답할 차례다.

## 당신의 마음에는
## 무엇이 들어 있는가

지금까지 걸어온 약 90년의 인생과 반세기가 넘는 경영자로서의 발자취를 떠올리며 스스로에게 마지막으로 던지는 질문이 하나 있습니다.

'나는 어떤 리더인가?'

제가 초등학생이었을 때의 일입니다. 폐결핵의 초기 증상인 폐침윤(肺浸潤, 결핵균이 모여 있는 폐의 병소가 주변 조직으로 퍼져가는 상태 – 역자 주)에 걸려 꼼짝없이 누워 지내던 때였죠. 어린 제게는 날마다 어둡고 깊은 죽음의 구렁을 들여다보는 것 같은 강렬한 체험이었습니다. 당시 저는 시골 본가에 머물고 있었는데, 그곳에는 숙부 두 분과 숙모 한 분이 결핵에 걸려 사경을 헤매고 있었습니다. 그때 저는 건강했는데도, 가족의 병에 감염될까 두려워 결핵의 마수에 걸린 사람처럼 와들와들 떨었습니다. 너무 겁이 난 나머지 결핵에 걸린 숙부가 몸져누워 있는 별채 앞을 지나갈 때마다 코를 틀어막고 도망치듯 빠져나오곤 했죠.

아버지는 당신의 동생을 돌볼 사람은 자신밖에 없다고 각오한 것 같았습니다. 감염 따위는 조금도 두려워하지 않고 매우 헌신적으로 동생을 간병했으니까요. 저의 형도 결핵이 그렇게 쉬이 옮는 병은 아닐 것이라며 전혀 개의치 않았습니다. 그런데 참 재밌는 사실은, 결국 병에 의연했던 아버지와 형은 감염되지 않았고 오히려 병이 두려워 도망치기 바빴던 제게만 병마가 덮쳤다는 사실입니다.

저는 매일 병상에 누워 슬금슬금 엄습하는 죽음의 공포에 오르르 떨면서 한없이 우울한 심정으로 신음했습니다. 그런 제 모습이 안쓰러웠던지 이웃 아주머니가 책을 한 권 빌려주었습니다. 그 책에는 대략 이런 내용이 적혀 있었습니다.

어떤 재난이든 그것을 끌어당기는 마음이 있기 때문에 일어난다. 자신의 마음이 부르지 않는 일은 그 어떤 일도 가까이 다가오지 않는다.

정성껏 숙부를 간병하던 아버지와 병 따위 신경 쓰지 않고 태연하게 생활하던 형은 병에 걸리지 않았습니다. 오히려 병을 두려워하고 질색하며 피하려만 했던 저는 덜컥 병마를 불러들이고 말았습니다.

'모든 것은 마음이 만들어낸다.'

인생에서 일어나는 모든 일은 자신의 마음이 끌어당긴 것입니다. 필름에 촬영된 영상을 영사기가 그대로 스크린에 비추듯이, 인간의 마음 역시 자신이 그린 그림을 현실에 그대로 재현합니다. 이는 세상을 움직이는 절대 법칙이자 모든 일에 예외 없이 적용되는 진리입니다. 그러므로 '마음에 무엇을 그릴 것인가', '어떤 생각을 품고 어떤 자세로 살아갈 것인가'와 같은 물음이야말로 인생을 결정하는 가장 중요한 요소라고 할 수 있습니다. 현실이 사람의 태도와 자세를 만드는 것이 아니라, 마음이 현실을 만들고 움직여나가는 것이지요.

이때 얻은 교훈은 이후 저의 인생관이 되어 모든 조직 경영의 초석이 되었습니다. 하지만 당시는 아직 어렸기에 그 말의 의미를 완전히 이해하진 못했고, 인생이 크게 달라지지도 않았습니다.

수년이 지나 사회에 나갈 때까지 제 인생은 좌절과 고뇌, 실의의 연속이었습니다. 중학교 입학시험에 두 번이나 떨어졌고 대학 입시도 망쳐 원하는 학교에 가지 못했으며 뒤이은 취업 활동도 생각처럼 순조롭지 못했습니다. '왜 이렇게 되는 일이 없는지', '왜 나만 실패하는 것인지' 한탄하며 완전히 의욕을 잃고는 암담한 심정으로 하루하루를 보냈습니다. 지금 생각해보면 너무나 시커먼 인생이었습니다.

삶의 흐름이 크게 바뀐 것은 대학교를 졸업한 후 교토에 있는 고압초자(석영, 탄산 소다, 석회암을 섞어 높은 온도에서 녹인 다음 급히 냉각하여 만든 초자를 고압으로 단단하게 압축한 물질 – 역자 주) 제조업체에 취직한 뒤부터였습니다. 경기 불황과 취업난 속에서 교수님 소개로 간신히 들어간 회사였죠. 그런데 막상 입사하고 보니 회사는 부도 직전 상태로 은행의 관리 감독을 받고 있었습니다. 입사 동기들은 하나둘 회사를 떠났고 결국 저 혼자만 남았습니다.

'그렇다면 길은 하나밖에 없다.'

달리 도망칠 곳이 없었던 저는 마음을 고쳐먹고 일에 정면으로 맞붙어보기로 했습니다. 열악한 환경이었지만 나는 내가 할 수 있는 일을 하겠다는 각오로 회사에서 거의 살다시피 하면서 연구 개발에 몰두했습니다.

'지성至誠이면 감천感天'이었을까요. 비록 더뎠지만 차츰 연구 성과가 나타났고, 주위에서도 저의 투지를 알아봐주기 시작했습니다. 뿌듯한 보람 속에서 더욱 연구에 매진했고, 그러자 신기하게도 결과물은 점점 더 개선되었습니다. 그렇게 선순환의 고리가 생겨나 마침내 저는 파인세라믹 재료를 합성하는 데 성공했습니다. 파인세라믹은 고온에서 구워 만든 비금속 무기질 고체인 '세라믹'보다도 순도가 훨씬 더 높은 물질로, 내열성과 내마모성 등이 매우 뛰어난 특수 재료입니다.

제가 지닌 기술력이 갑자기 향상된 것도 아니었고, 연구 환경이 달라진 것도 아니었습니다. **바뀐 것은 마음가짐뿐이었습니다. 마음의 방향을 바꿨을 뿐인데 그 순간 저를 둘러싼 상황이 거짓말처럼 완전히 달라진 것입니다.**

'인생은 마음이 엮어내는 결과이고 눈앞에 일어나는 모든 일은 자신의 마음이 불러들인 것이다.' 결핵에 걸려 신음하던 어린 시절에 어렴풋이 깨달았던 마음의 법칙이 다시 한번 제 삶 위로 불쑥 떠올랐습니다. 그날 이후 저는 이 문장을 제 인생을 변함없이 지켜줄 부적처럼 깊이 새겨두었습니다. **'인간의 마음이란 대체 무엇인가? 왜 어떤 마음가짐은 복을 불러들이고, 어떤 마음가짐은 화를 불러들이는가?'**

1959년 교세라 창업 후부터 2010년 파산 직전의 일본항공JAL을 재건할 때까지, 저는 이 물음을 한시도 잊지 않고 일에 매진했습니다. 그리고 평생 연구한 마음의 구조와 그 작동 방식을 이 한 권의 책으로 정리하였습니다.

'왜 리더인가? 누가 리더인가?'

**사업의 크기는 리더가 지닌 마음의 크기와 비례합니다.** 아무리 열악한 환경일지라도 경영자의 인격이 무쇠처럼 단단해지면 기업은 저절로 발전하고 번창합니다. 부디 이 책이 여러분의 마음에 무사히 닿길 바랍니다.

2021년 5월

이나모리 가즈오

**첫 번째 질문**

# 진아
## "당신의 마음은 무엇을 끌어당기는가?"

# 마음의 구조

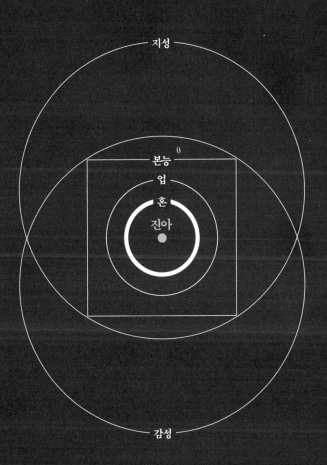

첫 번째 질문

# 진아

"당신의 마음은 무엇을 끌어당기는가?"

"내가 내 주인이고, 내가 내 의지처다."

我自爲我 計無有我

『대반열반경大般涅槃經』

# 왜 어떤 리더는 금세 사라지고,
# 어떤 리더는 영원히 존재하는가

수십 년간 경영 현장에서 일하며 내가 한순간도 놓치지 않고 치열하게 고민한 질문은 이것이다.

'리더의 마음가짐은 어떠해야 하는가? 어떤 마음가짐을 지녀야 조직을 혁신할 수 있는가?'

내가 그동안 함께 일했거나 직간접적으로 교류했던 리더는 헤아릴 수 없이 많다. 치열한 비즈니스 현장에 적응해가며 끝없이 변신을 거듭해 살아남은 사람은 두뇌가 명석한 천재도, 업계 지식이 풍부한 전문가도, 카리스마가 넘치는 지도자도 아니었다. 아무리 능력이 출중해도 오직 자신만을 위했던 경영자는 변화의 물결에 떠내려갔으며, 다소 느리고 둔하더라도 언제나 겸허한 마음을 유지했던 경영자는 끝까지 버텨 살아남았다.

큰 성공을 거두고 나서 오만해지거나 애써 쌓은 평판을 유지하지 못하고 몰락하는 사람도 수없이 봤다. 탐욕, 교만, 나태, 독선, 불신… 이것들이 한번 자라기 시작하면, 한순간에 돌이킬 수 없는 실수를 범하고 소리 없이 사라져갔다. 그때 내가 깨달은 사실은 이것이다.

'잠깐 위기를 모면하고 인기를 얻기 위해 겸손하고 성실한 척은 할 수 있어도, 그 위선을 영원히 지속할 수는 없다.'

**왜냐하면 그것들은 그 사람의 '마음'에 들어 있지 않기 때문이다. 마음속에 없는 것은 그 사람의 것이 아니다.** 내가 이 책에서 말하고자 하는 리더의 자질은 단순한 성격이나 성향이 아니다. 그것은 겉으로 드러나는 결과일 뿐이다. 거대한 기둥이 심해 깊숙이 박혀 있다고 생각해보자. 물 밖으로 드러난 기둥은 본질이 아니다. 본질은 바닷속 어딘가에 박힌 기둥의 뿌리다. 그 뿌리가 어떤 방향으로 박혀 있는지에 따라 수면 위에 드러난 나머지 기둥의 방향이 정해진다.

말하자면 성격이나 성향은 수면 위의 기둥일 뿐이고, 그 사람의 진정한 가치는 바닷속에 박힌 기둥뿌리인 것이다.

리더의 자질을 면밀히 평가하려면 그 사람의 마음에 박힌 기둥의 뿌리를 관찰해야 한다. 성격과 성향을 고치는 일은 수면 위에 튀어나온 기둥의 방향을 바꾸는 일만큼이나 어렵다. 억지로 당기거나 밀다가는 기둥이 부러질 수도 있다. 하지만 마음가짐을 바꾸는 일은 상대적으로 쉽다. 땅에 박힌 기둥의 뿌리를 조금만 틀면 되기 때문이다. 기둥뿌리의 방향이 바뀌면 나머지 기둥의 방향도 자연스레 바뀐다.

**기둥뿌리, 즉 마음이 바뀌지 않으면 제아무리 노력을 해도 성격은 변하지 않는다.** 이것이 내가 반세기 동안 경영 일선에서 무수한 사람을 만나며 깨달은 단 하나의 진리다.

한 사람의 성장 가능성은 그 사람이 겉으로 보여주는 성격이나 성향만 보고 판단할 수 없다. 하물며 앞으로 리더의 역할을 맡길 인물이라면 지금 당장 눈에 보이는 것들만으로 평가해서는 안 된다. 그렇다면 무엇을 보아야 할까? 어떤 사람이 '리더'에 적합할까? 나는 오직 그 사람의 철학을 본다. 요란한 폭풍에도 흔들리지 않고 끊임없이 자신의 마음을 고양하는 사람이라면 권력을 쥐더라도 결코 오만해지거나 타락하지 않는다. 그것은 연기가 아니기 때문이다.

나는 이 문제를 오랫동안 연구해왔다. 왜 어떤 리더는 뛰어난 능력과 우수한 인재를 갖추고도 너무나 어이없는 실책으로 한순간에 몰락하고, 또 어떤 리더는 처음에는 별 볼 일 없었지만 시간의 흐름 속에서 고요히 스스로를 단련해 어느 날 갑자기 우뚝 솟아오르는지 그 이유가 늘 궁금했다.

답은 사람의 마음에 있었다. 마음은 곧 한 사람의 격格을 뜻한다. 우리는 이를 '인격'이라고 부른다. 이 인격은 기업의 매출이나 순이익처럼 어느 한순간에 폭발적으로 성장하지 않는다. 아주 오랜 시간 꾸준히 물과 햇볕을 받아 자라는 호야(동남아시아에 분포하는 열대식물로 나무나 바위 틈에서 서식한다 – 역자 주)처럼 정성을 들여 가꿔야만 꽃이 피어난다. 그리고 이 마음의 터전을 가꾸는 방법은 특별한 방정식으로도 나타낼 수 있다. 인생이란 이 '마음의 방정식'을 끊임없이 연마하고 수련하는 과정의 연속임을 증명할 것이다.

## 무엇이 마음을
## 움직이는가

게는 자신의 등딱지 크기에 맞춰 땅에 구멍을 판다고 한다. 커다란 등딱지를 짊어진 게는 그만큼 큰 구멍을 파지만, 작은 등딱지를 짊어진 게는 자기만큼이나 왜소한 구멍에서 평생을 살아간다. 인간 세계의 조직도 마찬가지다. 조직은 리더가 품은 마음의 '그릇' 크기 이상으로는 성장하지 못한다. 리더가 일하는 방식, 품고 있는 가치관, 그동안 수련한 심성의 경지가 그대로 조직의 모습과 집단의 수준을 결정하기 때문이다.

따라서 리더에게 가장 중요한 자질이 무엇인가 하는 질

문을 받으면, 나는 망설이지 않고 '마음'이라고 대답한다. 이는 인격이나 인간성이라고 바꿔 말해도 좋다. '근묵자흑近墨者黑'이라는 말이 있다. 검은색 잉크 한 방울만으로 1리터의 물을 검게 물들일 수 있다. 리더의 영향도 이와 똑같다. 경영자가 지닌 마음은 금세 그 조직을 자신의 색으로 물들인다. 리더의 마음가짐은 자기 한 사람만의 것이 아니며 조직 구성원 모두의 마음에 가닿아 영향을 미친다.

교세라를 창업하고 경영의 길을 걷기 시작한 젊은 시절의 나는 빈말로라도 경영자에 어울리는 인격을 갖추었다고 말할 수 없는 수준이었다. '나는 왜 이 정도밖에 안 될까? 왜 사소한 일에 화를 내며 감정의 바닥을 드러낼까? 조직원에게 확신을 심어줘야 할 사람이 위기에 몰릴 때마다 왜 그렇게 잔뜩 겁을 집어먹고 사시나무처럼 떨기만 할까?' 내 하찮은 그릇을 남들이 알아차릴까 봐 늘 전전긍긍했다.

경영자는 조직 구성원들의 머릿속에 나아갈 방향의 밑그림을 그려줘야 한다. 경영자와 구성원이 생각하는 가치가 서로 다르다면 다음 단계로 나아갈 수 없다. 하지만 아무리 훌륭한 이야기를 해도 그것을 말하는 사람의 인격이 훌륭하지 않으면 그 내용은 듣는 사람의 마음에 가닿지 않는다. 무엇을 말하느냐보다 누가 말하느냐가 더 중요하다. 하지만 그때의 나는 그 사실을 몰랐다. 이 단순한 진리를 모른 채 나는 교세라 설립 초기에 계속해서 내가 옳다고 믿는 이야기를 직원들에게 일방적으로 전하는 데만 몰두했다.

나는 내 비전과 가치관을 직원들이 이해해주기를 바라는 마음에서 친목을 다질 수 있는 술자리를 가끔 마련했는데, 그 자리에서 속마음을 털어놓아도 내게 돌아오는 것은 직원들의 냉소뿐이었다.

"그렇다고 우리 속내까지 털어놓고 싶진 않습니다."

매출이 오르지 않고 거래처가 끊기는 것보다 내가 세운 회사의 직원들이 경영자인 나를 신뢰하지 않고 '없는 사람' 취급하는 것이 내겐 백 배, 천 배 고통스러운 아픔으로 다가왔다.

'내 열의가 부족한 탓일까?'

**직원들에게 내 마음을 있는 그대로 전하지 못했다는 사실에, 그리고 그들의 마음을 확실히 장악하지 못했다는 사실에 나는**

**날마다 절망했다.**

바로 그때 마음의 원리에 대해 처음으로 깊이 고민하게 됐다. 조직을 움직이려면, 직원을 움직이려면 단순히 일을 열심히 하고 꾸준히 공부를 하는 것만으로는 부족하다. 그것들만으로는 사람들의 마음에 닿을 수 없다. 누군가의 도움을 얻고 싶다면 먼저 그 사람의 마음을 들여다볼 줄 알아야 한다. 하지만 나는 타인은커녕 내 마음이 어떻게 생겼는지도 제대로 알지 못했다. 이때부터 나는 인간의 심원한 마음의 구조를 공부하기 시작했고, 사람의 마음을 움직이는 방법은 바로 인간 내면의 가장 깊숙한 곳에 위치한 '진아'(眞我, 불교에서 모든 중생의 마음속에 있다고 믿는, 영원히 변하지 않고 소멸하지 않는 진정한 자아 - 역자 주)에 있음을 깨달았다.

힘　　　　●

## 당신의 진아는
## 우주와 닿아 있는가

사람의 마음 깊은 곳에는 '혼魂'이 있고, 그보다 더 깊은 곳에는 핵심이라고도 할 수 있는 '진아'가 있다. 진아는 가장 순수하고 아름다운 마음의 영역이다. 옛 선현의 깨달음을 담은 수많은 고서에 의하면, 선禪을 수행하다 보면 그 단계가 깊어질수록 무어라 형언할 수 없이 청정하고 무구한 의식 상태에 도달한다고 한다. 이는 고요하고 순수한 행복의 극단이며 충만한 기쁨으로 가득 차 있는 '몰아沒我'의 경지라고 할 수 있다.

자신의 존재조차 잊는 순간, 나는 바로 이 경지를 '진아'에 닿은 상태라고 확신한다. 평소 우리의 마음은 진아를 중심에 두고 이를 혼이 감싸고 있으며, 그 바깥에 지성과 감성이 겹겹이 자리하고 있다. 그리고 혼과 지성·감성 사이를 '본능'이 가로막고 있다. 누구나 마음 깊은 곳에는 한없이 순수하고 아름다운 진아를 품고 있다. 사람의 마음과 마음을 연결해 서로에게 온전히 닿는 방법은 바로 이 진아의 영역을 어떻게 활용하느냐에 따라 결정된다. 그렇다면 그 구체적인 방법이란 무엇일까?

그것은 바로 '이타利他의 마음'이다. 갈 길이 바쁜 와중에 '남을 돕는 마음'이라니. 내가 이런 이야기를 하면 노소를 불문하고 많은 경영자들이 의아한 표정을 짓는다. 하지만 나는 확신한다. '이타의 마음'이야말로 모든 경영의 핵심이고, 나아가 만물을 만물로 성립시키는 우주의 마음이라는 것을.

불교에서는 우주의 온갖 사물과 현상, 즉 삼라만상森羅萬象에 부처가 머물고 있다고 설파한다. 예로부터 모든 종교가 말해왔듯이 이 세상의 모든 것은 원래 하나의 존재였다. 우주의 마음이라고도 할 수 있는 이 '단 하나의 존재'가 온갖 사물과 현상으로 깃들어 단지 모습을 바꿔 세상에 드러났던 것뿐이다. 사람의 마음도 마찬가지다. 우리의 마음 역시 수없이 쪼개고 또 쪼개고 나면 결국 '진아'라는 결정체만 남는다. 그리고 모든 사람의 진아는 만물의 근원이라고 할 수 있는 우주의 마음과 같은 곳에 존재했다.

그렇다면 우주의 마음이란 대체 무엇일까? 이는 우주를 형성해온 위대한 의지라고 바꿔 말해도 좋을 것이다. **우주에는 만물을 행복으로 이끌어 멈추지 않고 성장시키려는 강력한 의지가 작동한다.** 우주가 처음 생성되어 지금까지 발전한 역사를 보면 그 사실을 잘 알 수 있다. 애초에 한 줌의 소립자밖에 없었던 우주는 빅뱅(고온 고밀도였던 태초의 우주 상태에서 폭발적 팽창을 일으켜 우주가 시작되었다는 대폭발 이론에서 그 대폭발을 가리키는 용어 – 역자 주)을 계기로 원자를 만들었고, 원자는 마침내 결합해서 분자를 생성해냈다. 그리고 분자끼리 결합한 고분자에 DNA가 집적되어 최초의 생물이 생겨나 고등생물로까지 진화를 거듭했다. 인류에게 이러한 생물의 진화는 엄청난 축복일 테지만, 사실 우주의 입장에서 보면 애초 인간이라는 존재는 태어나지 않아도 그만인 하찮은 존재였을 것이다. 심지어 소립자 덩

어리 상태 그대로 영원히 존재해도 괜찮았을 테고, 생물 탄생 이후 원시 상태로 남았더라도 아무런 문제가 없었을 것이다.

하지만 우주는 그 상태를 인정하지 않았다. 우주는 지금 이 순간에도 맹렬한 속도로 무한히 팽창하고 있다. 근원을 알 수 없는 이 어마어마한 에너지야말로, 인간이라면 마땅히 평생에 걸쳐 추구해야 할 가장 순수한 에너지라고 나는 믿는다. 이는 만물이 끊임없이 상생하며 두루 좋은 방향으로 진화하고 발전하도록 돕는 힘의 원천이다. 스티븐 호킹 박사는 이 드넓은 우주에는 사랑이라는 에너지가 널리 퍼져 있다고 말했다. 혹자는 이를 중력이라고도 부르는데, 이 중력 덕분에 태양계의 수많은 행성은 서로를 끝없이 밀고 당기며 절묘한 균형을 유지하고 있는 것이다.

만약 우주에 이러한 힘이 작용하지 않았다면 지구는 태양과 너무 멀리 떨어져 얼음에 뒤덮인 죽음의 별이 되었을 것이며, 행성 간 중력이 너무 강해 태양과 너무 가까이 붙었다면 지구의 모든 생명은 태양의 맹렬한 화염에 불타 사라졌을 것이다. 호킹 박사는 이러한 우주의 위대한 에너지를 발견한 것은 아니었을까? 그가 말한 것처럼 우주에는 사랑이라고 설명할 수밖에 없는 순수한 힘이 흐르고 있다. 나는 이를 '이타의 마음'이라고 부른다.

**태초의 우주에서부터 움트기 시작한 이 엄청난 에너지는 현실은 물론 과거와 미래까지 바꾸는 힘이 있어 자연스레 좋은 일을 불러들여 그 행위자를 성공으로 인도한다.** 무엇이든 좋은 방향으로 이끌고자 하는 긍정적인 소망, 타인과 세상을 행복하게 하려는 아름다운 마음을 지닐 때 비로소 우주의 기운은 그 마음에 깊이 동조하고 공감하여 저절로 모든 일이 좋은 방향으로 조금씩 기우는 것이다.

그러나 갈수록 각박해지는 경영 환경에서 남을 위하고 스스로의 이익을 양보하며 그저 겸손하고 성실한 자세로 마음가짐을 다지는 데 몰두하는 것이 대체 회사의 성장과 조직의 안정에 얼마나 큰 영향을 미치느냐고 반문할지도 모른다. 급변하는 비즈니스 현장에서 '마음을 수련해 고결한 진아를 가꾸라'는 조언은 너무 한가한 소리로 들릴 것이다. 하지만 이는 내가 실제로 몸소 겪고 두 눈으로 확인한 분명한 진실이다. 아름답고 순수한 이타의 마음을 근간에 두고 살아가는 것이 조직을 이끌고 수익을 내는

데 어떤 영향을 미치는지, 나아가 겸허하고 선한 마음가짐만으로 인생이 어떻게 나아질 수 있는지에 대해 지금부터 차분히 설명해보겠다.

## 리더의 마음은
## 무엇으로 이루어져 있는가

매사를 이해득실이 아닌 '선악'을 기준으로 판단하고 올바른 마음을 의사결정의 기준으로 삼는 일은 평소 단단히 마음에 새겨두지 않고서는 좀처럼 지속하기 어렵다.

회사를 세워 경영을 시작한 젊은 시절에 나는 자주 직원들을 붙잡고 이런 말을 했다.

"무언가 문제가 일어나면 사람들은 그 해결책을 찾죠. 그런데 그 순간 바로 머리에 떠오르는 생각들은 이기심이나 욕망, 그릇된 감정에서 비롯된 것이 대부분입니다. 성인군자가 아닌 이상 곧장 선한 판단을 내리는 것은 불가능합니다. 따라서 맨 처음 떠오른 생각을 그대로 실행에 옮길 것이 아니라, '잠깐만!' 하고 일단 판단을 유보한 뒤 선악의 기준에 맞춰 문제를 차근차근 살펴봐야 합니다. 고민과 행동 사이에 언제나 완충의 시간을 배치하기 바랍니다."

실제로 '이렇게 하자' 하고 머릿속에 떠오른 판단을 즉시 행동에 옮겼다가 문제를 일으키거나 후회를 한 적이 내게도 무수히 많았다.

경영을 하며 적확한 판단을 내리는 데 필요한 것은 좋은 머리와 풍부한 지식이 아니다. 모든 판단의 기준이 되는, 경영자의 마음속에 자리한 '선악의 규범'이 가장 중요하다. 그렇다면 이 선악의 규범은 어떻게 만들어질까? 바로 마음 깊은 곳에 있는 '혼'에서 출발한다. 앞서 말했듯이 사람 마음의 중심부에는 혼이 있고 그 가장 깊은 핵심에는 '진아'가 있다. 진아는 우리가 흔히 말하는 '진선미眞善美'의 세 덕목 중에서도 으뜸으로 치는 인간의 가장 순수하고 아름다운 마음 그 자체다. 사람은 누구나 그렇게 사랑과 조화로 가득 찬 맑은 진아를 마음 깊은 곳에 품고 있으며, 세상의 거친 파도에 휩쓸려 온갖 단맛과 쓴맛을 보면서 자신만의 가치관과 세계관을 쌓아간다. 혹자는 이를 마음가짐 혹은 사상思想이라고 부른다. 그러나 불교에서는 이를 '업業'이라고 부른다. 이 업은 진아에 스며들어 그 사람의 '혼'이 된다.

불교에서는 윤회輪回와 환생還生, 즉 '존재의 다시 태어남'을 늘 강조한다. 사람은 몇 번이나 다시 태어나는 과정에서 수많은 경험을 하고 그럴수록 업은 더 깊어진다. 일본에서는 어떤 사람이 잘못을 하거나 도덕적으로 그른 행위를 하면 이렇게 말하곤 한다.

"그 사람의 혼은 좋지 않아."

이는 그 사람이 이번 생에서 바람직하지 않은 행위나 생각을 축적하고 있다는 뜻이다. 아무리 맑은 진아를 갖고 태어났어도 업을 바르게 쌓지 못하면 그 사람의 혼은 탁하고 흐려질 수밖에 없다. 나는 그런 경영자를 숱하게 봤다.

이처럼 이 세상에 태어났을 때부터 우리는 이미 혼을 갖고 있으며, 그 바깥쪽을 '본능'이 둘러싸고 있다. 갓 태어난 아기는 누군가에게 배운 것도 아닌데 탯줄이 잘리는 순간부터 입을 열고 폐호흡을 시작한다. 그리고 엄마의 젖을 빨고 영양을 흡수한다. 그런 과정이 모두 본능에서 나오는 '업'인 것이다. 이윽고 본능의 바깥쪽을 감싸듯이 '감성'이 자라난다. 성장하면서 눈이 열려 바깥세상을 보게 되고 소리를 듣게 되며 불쾌한 일이 있으면 울음으로 부모에게 알리는 것이다. 말하자면 인간이 경험하는 첫 감성은 구원을 요청하는 비통함과 애절함이라고 할 수 있다. 그렇게 감성만으로도 생존에 필요한 기본적인 욕구를 해결할 수 있는 상태를 지나면, 다시 감성의 한층 바깥쪽에 '지성'이 뿌리를 내린다. 대충 두 살 정도까지 감각과 감정이 충분히 발육되면 그곳에 이성적 사고를 할 수 있는 지성이 싹트는 것이다.

이처럼 마음이란 가장 중심에 있는 '진아'와, 그것을 둘러싼 '혼'과, 그 바깥쪽에서 마치 양파 껍질처럼 각각 층을 이룬 '본능'과 '감성'과 '지성'으로 이루어져 있는 것이다. 이것이 바로 모든 인간에 공히 적용되는 '마음의 구조'다.

## 무엇이
## 본능을 압도하는가

어떤 일을 판단할 때 이러한 '마음의 구조'는 어떻게 작동할까? 나는 앞에서 인간의 마음 중 가장 핵심적인 영역은 진아와 그것을 둘러싸고 있는 혼이라고 했다. 그런데 어떤 사람들은 이렇게 말한다.

"본능대로 움직여라! 본능만이 진실이다."

그러나 나는 이 말에 동의하지 않는다. 인간의 본능이란 말 그대로 태어날 때부터 지닌 천성의 하나에 불과하기 때문이다.

흔히 자연의 상태를 가장 순수하고 완전한 존재의 방식

이라고 칭송하곤 한다. 정말 그럴까? 대자연 속에는 강한 동물이 약한 동물을 잡아먹는 '이기심'이 가득하다. 게다가 폭풍과 지진 등 모든 파괴적인 자연재해의 본질은 근원 없는 '폭력성'이다. 인간의 본능도 마찬가지다. 어느 날 아침, 식사 자리에 앉자 아내가 말했다.

"우리 베란다 덧문 뒤쪽에서 아기 새가 태어났어요."

이야기를 들어보니 며칠 전부터 어미 새가 울음소리를 내면서 덧문 틈새를 들락거렸다고 한다. 당시 우리 가족이 살던 집 뒤쪽에는 울창한 숲이 있어 까마귀와 참새를 비롯해 다양한 새가 날아들었다. 그중 작은 새가 덧문에 둥지를 짓고 새끼를 기르고 있었던 모양이다. 그 둥지에 까마귀가 다가가려고 하면 어느새 어미 새가 날아와서 큰 울음소리를 내면서 위협을 했다. 아내가 덧문 쪽으로 다가가기만 해도 어미 새는 울음을 멈추고 야무지게 입을 다물곤 상황을 예의 주시했다. 갓 태어난 새끼를 지키려는 그 강렬한 본능에, 그리고 작은 생명체들의 치열함에 나는 자연의 위대함을 느꼈다.

아내와 이야기를 나누다 보니 또 다른 기억이 떠올랐다. 내가 초등학교 고학년 무렵이었을 것이다. 학교 건물의 지붕 밑에 비둘기가 둥지를 틀었는데 그 안에서 아직 털도 나지 않은 자그마한 아기 새 두 마리가 울고 있었다. 개구쟁이였던 우리는 지붕 밑으로 숨어 들어가 아기 새를 잡아다가 신기한 걸 얻었다며 반 친구들에게 자랑스럽게 보여줬다. 그 뒤 아기 새들이 어떻게 되었는지는 기억나지 않지만, 친구들과 돌아가면서 함부로 주물러댔으니 아마도 죽었을 것이다. 지금 돌이켜보니 너무나 잔인한 행위를 아무렇지 않게 자행했다는 생각이 든다.

사람들은 어린아이라면 당연히 순수하고 깨끗한 마음을 갖고 있다고 생각한다. 하지만 그렇지 않다. 티 없이 맑은 표정으로 개미나 잠자리 같은 자기보다 몸집이 훨씬 작은 생명체를 함부로 해치는 아이들을 우리는 숱하게 본다. 받아들이기 어렵겠지만, 영유아기의 인간은 여타 동물만큼이나 잔인하고 폭력적인 면을 지니고 있다.

이런 이야기를 하자 아내도 조용히 고개를 끄덕였다. 유치원에 다니는 손자나 그 친구들을 봐도 아이들이 순진하고 착한 마음을 갖고 있다고 생각하기 어렵다. 나쁜 짓을 저질러 놓고도 자기 잘못이 아니라고 변명을 하는 것이 인간의 본능이고 본성이다. 아무래도 사람은 누구나 순수하고 아름다운 영혼으로 태어나는 것은 아닌 것 같다. 막 태어났어도 혼은 이미 흐리고 탁해져 있는 듯하다. 그렇기에 우리는 인생을 통해 혼을 맑게 다스리려는 노력을 게을리해서는 안 되는 것이다.

**인간의 '본능'은 그대로 방치해두기에는 너무나 충동적이고 이기적이다.** 본능에 기초한 모든 판단의 기준은 오직 '이해 득실'이다.

'돈을 벌 수 있는가, 없는가?'
'자신에게 유리한가, 아닌가?'
'누가 더 많이 소유하는가?'

그렇다면 감성이나 지성에 의한 판단은 어떨까? 감성은 일견 우리의 마음을 가장 잘 반영하는 기준이라고 생각될 수 있지만, 사실은 매우 추상적이고 주관적인 기준이다.

'이 방식은 마음에 들지 않아.'
'이 사람이 왠지 더 좋은걸?'

이런 식의 판단은 그저 모든 것을 주변의 결정에 맡기고 안전한 곳으로 도망치는 선택에 불과하다.

한편 지성은 조리 있고 이치에 맞으며 논리적이다. 언뜻 보기에 가장 완벽해 보이지만, 막상 이러한 지성만으로 모든 일을 결정하거나 책임지는 사람은 드물다. 아무리 이성적으로 판단하려 해도 마지막 단계에선 꼭 본능이나 감성이 개입해 최종 결정을 내리기 때문이다. 하루에도 수십 가지 선택을 해야 하는 경영자가 취해야 할 가장 올바른 기준은 무엇일까?

나는 20대에 첫 회사를 창업해 지금까지 60여 년간 회사를 경영해오며 부하의 인사고과 점수를 매기는 일부터 수천억 원이 걸린 계약의 날인까지 무수한 판단과 결정을 내렸다. 지난 경험에 비춰 볼 때, 인생의 중요한 문제나 회사의 미래를 좌우하는 중대한 판단일수록 그 결정은 순수한 혼에서 나온 것이었다.

**'혼으로 판단하라.'**

대체 이게 무슨 말일까? 이는 '인간으로서 옳은 일을 하라'는 의미다. 이해득실이 아니라 순수한 도덕과 윤리에 입각해, 오직 선악의 여부만을 판단의 척도로 삼는 일이다. 이는 하늘의 도리에도 꼭 맞는 판단이다. 그러한 규범을 마음속에 단단히 붙들고 있는 사람이라면, 즉 진아와 그것을 감싸고 있는 혼을 늘 맑고 단단하게 단련해온 사람이라면 지금까지 경험한 적이 없는 불가해한 상황에 맞닥뜨려도, 혹은 신속하게 판단을 내려야 하는 위급한 상황이 닥치더라도 어느 때든 지혜로운 판단을 내릴 수 있다.

# 마음이라는 정원을
# 어떻게 가꿀 것인가

진아는 이 우주를 우주답게 하는 존재 그 자체다. 소위 깨달음에 이른 성인들이 바로 이 진아의 영역에 도달한 사람들이다. 그들은 세상의 모든 진리를 손에 쥐듯이 이해했고 자신이 염원하는 꿈을 현실에서 그대로 이뤘다. 석가모니가 깨달음을 얻었을 때 삼라만상의 진리를 한순간에 이해하고 우주와 자신이 일체가 되었다고 한다. 하지만 이런 경지는 말로 표현할 수도, 문자로 남길 수도 없다. 석가는 단지 '체험할 수밖에 없다'고 제자들에게 전했다. 평범한 우리는 쉽게 깨달음에 도달할 수 없는 게 당연하다.

1997년 나는 돌연 교세라와 다이니덴덴 회장직을 퇴임한 뒤 모든 경영에서 물러나 불가에 귀의했다. 내가 소속된 임제종臨濟宗에는 불교 중흥의 선조로 불리는 하쿠인 에카쿠라는 대승이 계셨는데, 이 위대한 선승조차 모든 미혹을 물리치고 번뇌에서 벗어난다는 '대오大悟'의 큰 깨달음을 얻은 것은 일생 동안 여덟 번뿐이었다고 술회했다. 오로지 선을 수행하는 데 평생을 바친 사람마저도 겨우 여덟 번밖에 깨달음을 얻지 못했으니 우리가 아무리 열심히 수행에 힘쓴다 해도 깨달음에 다다르기는 결코 쉽지 않을 것이다.

우리가 할 수 있는 일은 평소에 조금이라도 혼을 갈고 닦아 마음속 진아를 맑고 아름답게 유지하려고 애쓰는 일밖에 없다. 우주의 마음에서 어긋난 진아를 다시 원래의 자리에 갖다놓아야 한다. 대가 없는 선한 영향을 무한히 끼치려는 우주의 의지를 닮으려 꾸준히 노력하는 일이야말로 인간 앞에 주어진 인생의 참된 목적이다.

평범한 일상에서, 매일의 업무에서 항상 자신의 마음을 고양하고 정신을 가다듬는다. 그러한 삶을 살 수 있다면 설령 깨달음에 이르지는 못하더라도 조금이나마 진아에 가까워질 수 있다. 진아에 점차 다가간다는 것은 거대한 우주의 흐름에 합치하는 존재가 된다는 뜻이며, 그렇게 무한한 힘에 다가감으로써 현실은 서서히 더 나은 방향으로 선회할 것이다. 이를 한 문장으로 요약하면 이렇게 표현할 수 있다.

'좋은 마음이 좋은 결과를 불러온다.'

그렇다면 그 '좋은 마음'이란 현실에서 대체 어떻게 수련할 수 있는 걸까? 마음이라는 정원을 아름답게 가꿔 수많은 직원의 가슴을 들끓게 하고 맹렬한 동기를 북돋으려면 경영자는 구체적으로 무엇에 힘써야 할까?

나는 인생의 이상적인 모습을 특정한 방정식을 이용해 설명한다. 처음에 이러한 방정식을 떠올린 것은, 별로 머리도 좋지 않고 내세울 만한 장점도 없는 시골 출신의 나 같은 사람이 어떻게 하면 훌륭한 일을 할 수 있을지를 골똘히 생각했기 때문이다. 더불어 지난 수십 년간 경영자로서 살아온 내가 가장 힘써 수양한 가치가 무엇이었는지 함께 고민해봤다. 그 결과 나는 경영자가 자신의 마음을 가꾸기 위해 힘써야 할 방향성을 다음의 세 가지로 정리했다.

첫째, 조화를 유지하려는 마음.

둘째, 투지를 굽히지 않으려는 마음.

셋째, 언제 어디서나 도리를 지키려는 마음.


인생은 이 세 가지 마음이 서로 얽히고설켜 만들어내는 등식과도 같다. 그리고 이 모든 것은 기꺼이 감사할 줄 아는 '겸허한 마음가짐' 위에서 더욱 밝게 빛난다.

삶이란 참으로 단순하다. **아름다운 마음이 모이면 아름다운 인생이 펼쳐지고, 추악한 마음이 모이면 괴롭고 외로운 삶이 앞에 놓인다.** 당신의 마음속 정원에는 꽃이 몇 송이나 피어 있는가? 울창한 숲을 이루고 있는가, 아니면 메마른 땅 위에 잡초만 드문드문 나와 있는가? 결국 성공과 명예도, 칭송과 영광도, 좌절과 실패도, 고난과 역경도 모두 하늘이 내린 삶의 조각일 뿐이다. 영국의 사상가 제임스 앨런은 『생각하는 대로』라는 책에서 이렇게 말했다.


인간의 마음은 정원과 같다. 비옥하게 일굴 수도 있고 방치할 수도 있지만 어느 경우든 반드시 무언가가 자라난다. 만약 당신이 자신의 정원에 아름다운 화초의 씨앗을 뿌리지 않는다면 그곳에는 잡초의 씨가 무수히 내려앉아 결국 잡초만이 무성해질 것이다. 훌륭한 정원사는 잡초를 뽑고 땅을 일구어 아름다운 화초의 씨를 뿌려 키운다. 사람의 마음도 마찬가지다. 멋진 인생을 살고 싶다면 마음의 정원을 일구어 그곳에서 불순하고 일그러진 생각을 뽑아낸 뒤 깨끗하고 올바른 생각을 심어 정성껏 가꿔야 한다.

인생의 여러 모습은 모두 우리의 '마음'이 투영된 결과일 뿐이다. 마음이라는 정원을 가꾸는 데 소홀하면 그곳에는 잡초처럼 불순한 정념, 잘못된 생각, 옳지 않은 판단이 걷잡을 수 없이 자라난다. 만약 그 정원을 아름다운 화초로 가득 채우고 싶다면 그곳에 아름다운 씨앗, 이를테면 진지하고 성실하고 올바르며 청아한 염원의 마음을 뿌려서 길러야 한다.

이것이 내가 지난 수십 년간 하루도 빠지지 않고 반복하는 반성이다. 겸허한 자세로 하루하루의 행동을 경계하는 자성의 마음과 오만한 행동을 억제하는 극기의 마음을 계속 다지는 것이다. 이렇게 노력을 해도 가끔씩 언행이 들썽거리고 나도 모르게 남을 깔보거나 잘난 척을 할 때가 있어 혼자 있는 시간에 스스로를 돌아보며 반성하곤 한다. 거울에 비친 내 모습을 향해 "이 어리석은 놈!"이라고 말하며 꾸짖는다. "너는 무례한 놈이다!"라고 자책한다. 그리고 마지막에는 이렇게 내뱉는다.

"신이시여, 죄송합니다."

누군가 이 모습을 본다면 실성이라도 한 줄 알겠지만 내게는 하루를 마감하는 아주 자연스러운 습관이다. 물론 이렇게 자책한다고 해서 얼마나 마음이 깨끗해졌는지를 눈으로 확인할 수는 없다. 하지만 이러한 성찰의 시간을 거듭하는 동안 인격은 분명히 달라진다.

동기 ●

## 나만을 위한 일인가,
## 모두를 위한 일인가

'어떻게 살아갈 것인가'라는 물음은 곧 '마음에 무엇을 그리며 살 것인가'라는 물음에서 시작된다. 마음에 그린 그림이 그 사람이 걸어갈 인생의 모든 것을 결정하기 때문이다. 순수하고 아름다운 마음을 간직하며 살아가는 사람에게는 그에 상응하는 풍요롭고 멋진 인생의 길이 열린다. 남을 밀어내 이익을 얻으려는 편협하고 악한 마음을 품은 사람은 일시적으로 성공할지 몰라도 결국은 몰락을 맞이한다. 아무리 노력하고 고생해도 인생이 조금도 나아지지 않는다고 한탄하는 사람이 있다면, 우선은 내면으로 눈을 돌려 올바른 마음을 간직하고 있는지 확인하라.

사람이 지닐 수 있는 가장 숭고하고 아름다운 마음은 무엇일까? 그것은 타인을 배려하는 따뜻한 마음이다. 자신을 희생하더라도 누군가를 위해 애쓰는 마음, 바로 '이타의 마음'이다. 이타를 동기로 시작한 일은 그렇지 않은 일보다 성공할 확률이 높고, 가끔은 예상을 훨씬 뛰어넘은 놀라운 성과를 불러일으킨다.

나는 사업을 일으킬 때나 새로운 일에 도전할 때 그 일이 정말로 인류에 도움이 될지, 과연 사람들에게 어떤 이로움을 줄지 먼저 생각했다. '선한 동기'라는 확신이 들면 비로소 사업을 시작했고, 역시나 그런 사업들은 반드시 좋은 결과로 이어졌다.

전기통신회사 케이디디아이KDDI의 전신 다이니덴덴DDI을 설립했을 때의 일이다. 전기통신사업이 자유화된 지 얼마 안 된 시기였지만, 일본전신회사NTT가 여전히 업계를 독점하다시피 지배하던 시절이었다. 이런 시장에 뛰어들어 사업을 벌인다는 건 위험하고도 무모한 일이 아닐 수 없었다.

사업을 일으키기 전까지 약 반년 동안 매일 밤 잠자리

에 들 때 수도 없이 스스로에게 신중히 물었다.

'전기통신사업에 뛰어드는 것이 정말로 선한 마음, 즉 올바르고 순수한 염원에서 비롯된 것인가? 혹시라도 명성을 얻거나 돈을 벌고 싶은 탐욕 때문은 아닌가?'

행여 한 점이라도 사심은 없는지 자신에게 묻고 또 물었다. 그리고 마침내 '내게는 절대로 사심이 없으며, 동기는 오로지 선이다!' 하는 흔들리지 않는 신념을 확인하고 나서야 사업에 뛰어들었다.

당초 업계에서는 새로 통신사업에 뛰어든 다른 두 회사에 견줘 볼 때 다이니덴덴이 압도적으로 불리하다고들 했다. 하지만 사업을 시작한 뒤 우리는 세 회사 중에서 항상 선두를 차지했다. 결국 주도권을 장악한 다이니덴덴은 케이디디KDD, 일본이동통신IDO과 뜻을 하나로 모아 합병하여 '케이디디아이'로 사명을 변경했고, 지금은 국내 업계를 대표하는 가장 큰 통신사업자로 성장했다.

2010년 나는 파산 직전의 일본항공을 재건하라는 정부의 요청을 받아 일본항공의 회장 자리에 취임했다. 그때 내 나이는 여든을 바라보고 있었다. 정부와 기업재건지원기구로부터 처음 일본항공 재건 이야기를 들었을 때만 해도 나는 고령이라는 점과 항공업계에는 문외한이라는 점을 들어 몇 번이나 고사했다. 하지만 총리까지 가세한 거듭된 요청을 받자 마음이 조금씩 흔들렸고, 결국 이런 질문을 스스로에게 던지지 않을 수 없었다.

'이 일에는 어떤 사회적 의의가 있는가? 그리고 어떤 선한 동기가 깃들어 있는가?'

이윽고 나는 이 일에 매우 중요한 세 가지 가치가 담겨 있다는 사실을 깨달았다. 첫째는 국가 경제의 부활이었다. 한 나라를 대표하는 항공사의 파산은 국가 경제에 너무나도 심각한 영향을 미칠 것이 분명했다. 따라서 재건에 성공한다면 사회 전체에 큰 자신감을 심어줄 수 있을 것이라고 믿었다. 둘째는 남겨진 직원들을 위해서였다. 만약 일본항공이 재기하지 못하고 끝내 파산한다면 약 3만 2000명에 이르는 직원이 한순간에 직장을 잃게 될 것이었다. 회사의 재건은 곧 그들의 소중한 일상을 지키는 일이기도 했다. 셋째는 국민의 편익을 위해서였다. 일본항공이 없어지면 국내 대형 항공사는 단 한 곳만 남게 되어 공정한 경쟁 원리가 작동하기 어려워질 것이 분명했다. 항공 운임은 높이 치솟을 테고 서비스 품질은 떨어질 것이 불 보듯 뻔했다. 일개 회사의 방만한 경영 탓에 아무 잘못도 없는 국민의 생활이 해를 입어서는 안 된다고 생각했다.

일본항공의 재건은 분명 사회적으로 큰 의의를 지닌 사업이라는 결론에 이르렀고, 나는 '사람이 행해야 할 정의임을 알면서도 실행하지 않는 것이야말로 더 큰 부정不正이다'라는 말을 떠올리며 회장 취임을 받아들였다. 당시 일본항공이 지고 있던 부채는 21조 원에 달했고, 매년 5000억 원이 넘는 적자를 내고 있었다. 세상의 모든 언론은 일본항공의 재건을 누가 주도하든 파산은 피할 수 없으리라고 전망했다. 하지만 우리는 개혁에 착수한 지 불과 1년 만에 파탄 난 재정을 회복했고, 그다음 해부터는 역대 최고 수익을 해마다 경신했다. 그리고 약 2년 6개월이 지나 일본항공의 주식은 재상장되었다.

**모든 것은 '마음'에서 시작되어 '마음'으로 끝난다.**

이 말이야말로 지금까지의 내 인생에서 체득한 마지막 지혜이며 내가 날마다 잊지 않고 주문처럼 외우는 한 조각 진실이다.

문호 아쿠타가와 류노스케는 "운명은 그 사람의 마음

안에 있다"라는 말을 남겼다. 문예평론가 고바야시 히데오는 "사람은 자신의 마음가짐에 어울리는 사건밖에 만나지 못한다"라고 말했다. 인간의 '마음'에 대해, 그 위대한 힘에 대해 우리는 너무나 오래 외면해온 것은 아닐까?

**일체유심조**一切唯心造. **때론 마음이 전부다. 단 한 톨의 의심 없는 순수한 마음만이 위대한 업을 이룰 수 있다.** 위대한 꿈을 품은 리더라면 부디 이 말을 믿기 바란다.

두 번째 질문

## 조화

"타인을 위한 마음은 어떻게 다시 돌아오는가?"

"욕망과 자기애로부터

자유를 얻은 사람은

그 자취를 찾을 수 없다.

하늘을 나는 새처럼."


如鳥飛虛空 而無有所礙

彼人獲無漏 空無相願定

## 기꺼이 먼저 죽을 각오가
## 되어 있는가

20대 중반에 이르러서도 내 인생은 좌절과 실망의 연속이었다. 두 번이나 연거푸 중학교 입시에 불합격했으며 결핵에 걸려 병상에 누워 사경을 헤매기도 했다. 첫 대학 입시에서는 보기 좋게 낙방했고, 그나마 들어간 대학교를 졸업한 뒤 취업 또한 마음처럼 되지 않았다. 하지만 그런 가운데 단 한 가지, 마치 하늘에서 한 줄기 빛이 비추듯이 놀라울 정도로 잘된 일이 있었다. 내가 고등학생 때 벌였던 종이봉투 행상이었다.

내 본가는 전쟁 전부터 인쇄소를 운영하며 생업을 이어

왔는데 종전 직전에 공습으로 집과 공장이 모두 불타 없어지고 말았다. 아버지는 그때까지 꾸준하고 성실하게 일했지만 삶과 일의 터전을 모두 잃자 거의 넋이 나간 사람처럼 의욕을 상실했다. 우리 가족은 어머니가 집 안의 옷을 팔아 번 돈으로 겨우 생계를 유지했다.

그런 상황인데도 고등학생이었던 나는 여전히 태평하게 지내면서 학교에서 돌아오면 친구들과 공터로 달려가 야구를 하느라 바빴다. 그런 내 모습을 보다 못한 어머니가 하루는 이렇게 말씀하셨다.

"가즈오, 우리 집은 네가 함께 노는 친구들만큼 여유가 있지 않단다."

어머니의 슬픈 표정을 보고 충격을 받은 나는 '이제 내 가족은 내가 지켜야 한다'고 마음먹고 아버지에게 종이봉투를 만들어 팔자고 제안했다.

인쇄 사업을 했던 우리 집은 종이봉투도 직접 제조해본 적이 있었다. 아버지가 부엌칼처럼 큰 날붙이로 대형 종이를 잘라 놓으면 고용된 이웃 아주머니들이 그 종이들을 접어서 풀로 붙여 계속 봉투를 만들었다. 어릴 때부터 쭉 봐오던 그 광경을 떠올리고는 아버지가 종이봉투를 다시 만들면 내가 팔러 다녀야겠다고 계획을 세운 것이다.

아버지가 크기별로 만든 여러 종류의 종이봉투를 커다란 대나무 바구니에 넣어 자전거 짐받이에 싣고 동네를 돌았다. 평일에는 방과 후에, 일요일에는 아침부터 종일 동네 과자점 등 상점을 닥치는 대로 찾아다녔다. 하지만 나중에는 요령이 생겨 시내를 일곱 구역으로 나눠 하루에 한 구역씩 일주일 단위로 돌기로 했다. 도매상과 계약해 몇몇 지점에 봉투를 보관한 뒤 팔린 만큼 대금을 회수하는 등 계속해서 새로운 유통 방법을 연구했다.

마침내 다른 과자 도매상에서도 주문이 들어오자 아버지 혼자서는 수요를 감당할 수 없을 정도로 바빠졌다. 결국 일을 도와줄 사람을 더 고용했고, 나중에는 오래전부터 이 동네에 납품을 하고 있던 종이봉투 업자가 철수했다는 이야기가 들려올 정도로 사업이 순풍을 탔다. 장사에 완전히 문외한이던 고등학생이 도전한 첫 장사치고는 대성공이었다.

이 시절에 다른 모든 일이 잘 풀리지 않았음에도 왜 이 종이봉투 장사만은 유일하게 성공했을까. 그 이유를 곰곰이 생각하다가 퍼뜩 짚이는 것이 있었다. 그전까지 실패했던 모든 일은 나만의 이득과 안위, 혹은 남들에게 좋은 평가를 받고 싶다는 사심에서 출발한 일이었다. 오로지 '나 자신을 위해' 행한 일들은 모두 뜻대로 이루어지지 않았고, 내가 아닌 가족을 지키겠다는 마음, 즉 이타심에서 출발한 종이봉투 장사만큼은 큰 성공을 거두었다. 즉, 그 일에는 '선한 동기'가 있었던 것이다.

모든 일이 이타심, 즉 '따뜻한 배려의 마음'만으로 잘되는 것은 아니다. 자신이 원하는 일을 이루려면 어떠한 역경에도 지지 않고 과감히 나아가는 강인한 의지, 무슨 일이 있어도 끝까지 해내는 단단한 열의도 중요하다. 하지만 그러한 의지 역시 선한 동기에서 출발한다면 우리가 생각하는 것보다 훨씬 큰 성과를 만들어낼 수 있다.

인류 역사의 모든 거대한 성취는 한 개인의 이기심이 아니라, 남을 먼저 생각하는 이타의 마음에서 시작되었다. 일본의 근대화를 앞당긴 메이지유신이 성공한 이유는, 오직 왕에게 충성을 다하겠다는 전국 지사들의 순수한 마음 덕분이었다. 역사가들은 이를 '대의명분'이라고 부른다. 그들이 자신의 안위를 챙기고 부를 축적하는 데 더 큰 마음을 두었다면 지역의 화적이 되어 서민의 재산을 갈취하거나 국내로 침투하는 외세에 영합해 역사의 죄인으로 남았을 것이다. 하지만 그들은 세상을 개혁하지 않으면 국가의 근대화를 이룰 수 없을뿐더러 미국이나 유럽 열강의 식민지가 되고 말 것이라는 절박한 위기의식 속에서 모든 사심을 내려놓고 범인凡人들과는 전혀 다른 길을 택했다.

통신회사 다이니덴덴이 불리한 조건에서 출발했으면서도 경쟁사를 앞지를 수 있었던 원동력은 '장거리 통화 비용을 낮춰 국민들에게 도움을 주겠다'는 목표 아래 전 직원이 합심하여 노력해준 덕분이었다. 수없이 많은 장벽에 부딪히고 곤경에 빠지기도 했지만 그럴 때마다 나는 항상 직원들에게 이렇게 외쳤다.

"지금 우리는 100년에 한 번 있을까 말까 한 기회를 손에 넣었습니다. 그 행운에 감사하며 단 한 번밖에 살 수 없는 인생을 아름답게 가꿉시다."

**인생을 살면서 남을 위해 내 모든 것을 온전히 내던질 수 있는 기회는 생각보다 많지 않다.** 아니, 단 한 번도 그 기회를 만나지 못할 수도 있다. 이와 반대로 나 자신을 위하는 일은 지금 당장이라도 실행할 수 있다. 그래서 많은 사람이 착각을 하며 산다. 오로지 나만을 위해 사는 것이 인생을 진정으로 즐기는 것이라고. 한 번뿐인 삶이기에 더없이 자신에게만 집중해야 한다고. 하지만 리더는 다르게 생각해야 한다. 만인을 이끄는 조직의 경영자마저 오로지 자신만을 위해 산다면 그 많은 종업원의 삶은 무엇으로 채워줄 수 있단 말인가? 핵심은 '자력自力'이 아니라 '타력他力'에 있다. 나는 극단적인 자기애에 빠져 소중한 인생을 낭비하는 경영자들을 볼 때마다 가슴이 찢어지듯 안타까움에 사무친다.

# 사업의 성공은
# 언제 결정되는가

동기가 '선善'에 있다면 모든 일은 자연히 좋은 방향으로 흘러가고, 동기가 악한 마음에서 출발했다면 아무리 노력해도 일이 잘 풀리지 않는다.

요즘 유행하는 스타트업이나 1인 기업 등의 창업자 중에는 재산을 모으고 싶다거나 명성을 얻고 싶은 마음에 일을 벌인 사람이 많을 것이다. 하지만 '경영의 엔진'이 경영자의 사리사욕, 공명심, 권력욕에만 머물러 있다면 설령 잠깐 성공하더라도 지속 가능한 발전은 도모할 수 없다. 동기는 어떤 일을 진행할 때의 '토대'라고 할 수 있다. 흔들림 없는 단단한 터를 마련했다면 그곳에는 훌륭한 건물을 지을 수 있다. 이와 반대로 토대가 부실하면 아무리 호화로운 집을 지으려고 해도 금세 와르르 무너져내리고 만다. 동기가 불순하면 어떤 일이든 순조롭게 성공을 이룰 수 없다.

교세라를 창립할 때 내가 내건 모토는 단 하나였다.

내가 갖고 있는 기술을 세상에 널리 알려 활용토록 하겠다.

내가 개발한 파인세라믹 기술을 세상에 널리 알리는 일, 그리고 그 기술을 활용해 더 좋은 제품을 만들어내는 일. 이것이 회사의 미션이자 존재 의의였다. 말하자면 교세라는 '기술자로서의 내 꿈을 실현하겠다'는 지극히 개인적인 동기로 만들어진 회사였다. 하지만 창업한 지 3년이 되던 어느 날, 회사의 존재 의의를 다시 생각하지 않을수 없는 일이 발생했다.

전년도에 채용한 고졸 사원들이 갑자기 내 자리로 몰려오더니 이른바 '요구서'라고 쓰인 종이를 들이민 것이다. 그 요구서에는 승진과 상여금 인상 등의 처우 개선과 장래에 대한 좀 더 확실한 보장을 요구하는 내용이 잔뜩 적혀 있었다. 그리고 그들은 이렇게 선언했다.

"우리의 요구를 전부 받아주지 않으면 회사를 그만두겠습니다."

창업한 지 얼마 되지 않은 회사에 그들이 요구하는 사항을 다 수락해줄 여력이 있을 리 없었다. 또한 지키지 못할 약속을 무턱대고 한다면 그것은 더 큰 문제를 야기하는 꼴이었다. 나는 당시에 살고 있던 비좁은 시영주택으로 그들을 데리고 가 필사적으로 설득했다. 사흘 밤낮을 얼굴을 맞대고 대화를 나눈 끝에 간신히 그들을 납득시켰지만 그날 밤에는 도통 잠을 이룰 수가 없었다.

'회사 경영이란 이런 것인가. 이 무슨 엄청난 일을 시작했단 말인가!'

이런 생각에 가슴이 옥죄어 왔다. 공습으로 일과 삶의 터전이 모두 파괴된 이후 아버지와 어머니는 최선을 다해 우리 7남매를 키우셨다. 그런 어려운 형편 속에서도 나만 무리하게 대학까지 보내주셨다. 이 사정을 알기에 더욱 치열하게 공부했고, 취업에 성공한 후로는 최소한의 생활비만 남기고 모든 돈을 가고시마 본가에 보냈다. 이제 겨우 회사를 차려 본격적인 사업을 시작할 수 있겠다 싶었는데, 느닷없이 직원들의 불만이 적힌 요구서를 받게 되자 가슴이 철렁 내려앉았다. 가족을 돌보는 일만으로도 보통 일이 아닌데, 피 한 방울 안 섞인 직원들의 생활과 장래까지 보장하고 보살펴야 한다니. 끝이 보이지 않는 캄캄한 터널 한복판에 갇힌 기분이었다.

'이럴 줄 알았더라면 회사 따위 세우는 게 아니었는데!'

깊이 생각한 끝에 나는 이런 결론에 이르렀다.

'회사는 자신의 생각을 실현하기 위한 곳이 아니라 무엇보다 직원의 생활을 지켜주고 행복한 인생을 가져다주기 위해 존재해야 한다. 그것이야말로 회사의 사명이고 경영의 의의다.'

이렇게 마음을 다잡고 각오를 굳혔더니 답답하게 꽉 막혔던 가슴이 시원하게 뚫리고 안개가 걷히듯이 기분이 맑아졌다. 당시의 놀라운 경험을 나는 아직도 잊지 못한다. **그저 사고방식을 바꾸고 마음을 고쳐먹은 것뿐인데 나를 둘러싼 모든 안 좋은 상황이 안개가 걷히듯 말끔히 사라진 기분이었다.** 나는 심기일전하여 회사의 미션을 '전 직원의 행복을 물심양면으로 돕는다'로 결정했다.

이 일련의 사건을 계기로 나는 창업 때부터 품고 있던 개인적인 소망을 깨끗이 버렸고, 교세라는 그 존재 의의를 '이기利己'에서 '이타利他'로 바꿨다. 바로 이때가 내가 경영자로서 다시 태어난 순간이었다. 고집스러운 자기애를 내려놓자 마치 종소리가 울려퍼지듯 마음이 고요하고 편안해졌다.

만약 내가 '이 회사는 나의 기술을 세상에 널리 알리기 위해 존재한다'는 이념을 끝까지 고수했다면 어떻게 됐을까? 아마 나는 그 꿈을 이뤘을 것이고, 그로 인해 막대한 부와 명예를 얻게 되었을 것이다. 하지만 교세라라는 기업이 오늘날처럼 크게 발전하지는 못했을 것이다. **한 사람의 마음에서 출발한 사업은 어디까지나 그 사람의 마음을 가득 채우는 것으로 그칠 뿐이다.** 경영자로서의 진짜 성공은 자신의 마음을 채우는 것이 아니라 조직 구성원의 서로 다른 마음을 저마다의 방식으로 그득히 채워줄 때 비로소 완성된다고 나는 믿는다. 교세라의 급성장은 '전 직원의 행복'이라는 강건한 이타의 토대 위에서 이루어졌다.

회사는 그곳에서 일하는 직원을 위해 존재한다. 경영에서 이 문장을 넘어서는 진리는 없다. 경영의 목적은 전 직원의 행복을 실현하는 데 있다. 이타의 정신은 경영에서 가장 근본이 되는 가치관이며, 이에 대해 경영자와 종업원 모두 완전히 공감해야 폭발적인 성과가 뒤따른다.

하지만 갑자기 '국가를 위해서', '사회를 위해서'라는 식으로 너무 거창하고 고상한 이념을 내걸면 일하는 직원들은 자신과는 관계가 먼 '남의 일'로 느낀다. 원래 이타라는 말의 의미는 매우 단순하다. 다른 사람을 이롭게 한다는 뜻으로, 자신을 위하는 생각은 나중으로 미루고 타인을 먼저 생각하는 일이다. '이웃을 위해서 무엇을 할 수 있을까'를 생각하고 자신이 할 수 있는 한도에서 진심을 다해 행동하면 된다. 단지 그뿐이다. 결코 거창한 일이 아니다.

그리고 이는 비단 내부 조직 운영에만 해당되는 지혜가 아니다. 모든 사업은 결국 이타에서 시작해 이타로 끝난다. 현명한 경영자는 이렇게 생각한다.

'상대방에게 나는 무엇을 줄 수 있는가?'

하지만 어리석은 경영자는 이렇게 생각한다.

'저 사람에게서 내가 얻을 수 있는 것은 무엇인가?'

가족이 있는 사람은 우선 가족을 행복하게 만들기 위해

무엇을 할 수 있는지 고민하면 된다. 일을 하고 있다면 직장 동료와 거래처 사람들을 위해서 자신이 할 수 있는 일을 찾으면 된다. 좀 더 나아간다면 자신이 살고 있는 동네나 지역을 살기 좋은 곳으로 만드는 데 공헌할 수 있는 일을 해보는 것도 좋다. 이러한 이타의 행위는 아무리 사소한 일일지라도 언젠가는 눈덩이처럼 커져 가장 고귀하고 아름다운 결실로 자신에게 돌아오게 된다.

이 책을 쓰며, 내 인생 최초의 이타적 행위는 무엇이었는지를 생각해보았다. 아직 초등학생이었을 때 골목대장이 되어 친구들과 놀러 다닐 때의 일이 떠올랐다. 학교에서 돌아오면 나는 책가방을 벗어 던지고 밖으로 놀러 나갔다. 어머니는 이런 나를 위해 언제나 간식을 준비해 식탁 위에 올려놓으셨다. 주로 냄비 한가득 고구마를 쪄서 놓아두셨는데 당시로서는 아주 훌륭한 먹거리였다. 먹음직스럽게 김이 모락모락 나는 고구마를 보면 냉큼 손을 뻗어 집어 먹고 싶었지만, 충동을 꾹 참고서 냄비째 가져나가 먼저 친구들에게 나눠 준 뒤 남은 고구마를 먹었다.

지금 생각하면 그것이 골목대장이었던 내가 친구들에게 내보인 '최선의 배려'였다. 타인을 우선으로 섬기고 자신을 나중으로 돌리는 소박하고 단순한 배려. 이 사소한 행위가 지난 반세기 동안 한순간도 잊지 않았던 이타 경영의 시작이었다.

## 우주에는
## 이타의 바람이 분다

누군가에게 도움을 주려는 '의도적 선함', 내가 아닌 남의 시점에서 생각하는 '습관적 배려'는 그 사람의 타고난 운명을 더 나은 방향으로 이끌어준다. 우주에는 그러한 인과의 법칙이 엄연히 존재한다. 나는 이 힘의 원리를 동료들에게 늘 이렇게 설명한다.

우주에는 '이타의 바람'이 불고 있다. 큰 돛을 올려 그 바람을 충분히 맞으면 좋은 운명의 흐름을 탈 수 있어 삶을 올바른 방향으로 이끈다. 이때 바람을 맞는 돛의 크기는 그 사람이 지닌 이타의 마음과 비례한다. 어떤 상황에서도 다른 사람을 먼저 배려하는 선한 마음이 있다면 이타의 바람을 한껏 받아 행복과 성공을 향해 힘차게 항해할 수 있다.

각박하고 무정한 경영의 세계에서 내가 이러한 희생의 태도를 강조하면 비난과 불만의 소리가 반드시 돌아온다. 치열하게 경쟁하는 자본주의 시대를 살아가며 희생이니 배려니 하는 가치를 내세우다간 금세 도태될 것이라는 주장도 일견 설득력이 있다. 하지만 나는 격렬한 전투가 벌어지는 비즈니스 세계이기에 더욱더 상대를 생각하는 마음, 즉 이타심이 중요하다고 역설한다. **이타의 마음에서 행한 일은 언젠가 좋은 결과로 자신에게 돌아오기 때문이다.**

30년도 더 된 이야기인데, 경영 부진 상태에 빠진 한 벤처기업을 교세라가 구원해준 일이 있다. 그 회사는 당시 유행하던 차량용 무선통신기를 제조해 판매하는 기업이었는데, 미국에서 무선통신 붐이 일어났을 때 그 기세를 타고 몇 년 사이에 급성장을 이루었다. 하지만 붐이 사그라지자 그 회사는 수천 명에 이르는 직원을 끌어안고 금세 궁지에 몰렸다. 그래서 간신히 연줄을 동원해 내게 도움을 요청했던 것이다.

나는 그 벤처기업을 인수해 교세라와 합병했는데, 그때만 해도 이 회사에 과격한 사상을 지닌 노동조합이 있다는 사실을 모르고 있었다. 당시 노조의 조합원들은 회사와 정한 규약을 어긴 채 제대로 일을 하지 않고 노동쟁의에만 힘을 쏟았다. 그리고 경영진에게 수차례에 걸쳐 불합리한 요구를 해왔다. 그들이 요구한 사항들은 대부분 상식적으로 도저히 납득할 수 없는 내용이었기에 나는 협상안을 딱 잘라 거절했다. 자신들의 요구가 수용되지 않은 데 화가 난 그들은 자동차를 여러 대 몰고 도심으로 나가 길거리를 돌아다니며 온갖 흑색선전을 펼쳤다.

교세라와 나를 모함하는 내용의 전단을 회사와 내 집 주변에 붙이고 다녔고, 번화가를 순회하며 자동차 스피커를 요란하게 틀어대며 회사를 비방했다. 이런 행위는 여러 해 계속되었다. 하지만 나는 그들의 행위에 그 어떤 대응도 하지 않았고 그저 합병한 회사의 사업을 재건하는 데 심혈을 기울였다.

그들은 8년 가까이 쟁의를 지속했고, 쉬지 않고 나에 대한 근거 없는 모략을 꾸몄다. 그들이 회사를 떠나기까지 회사가 입은 손해는 이루 말할 수 없이 컸다. 하지만 나는 단 한 번도 불평이나 원망의 말을 하지 않았고 회사에 남아 재건에 힘써준 직원들을 위해 오로지 실적을 회복하는 데에만 전념했다. 그 결과 적자였던 사업은 마침내 흑자로 전환됐고 작은 성과가 점차 쌓여가자 직원들도 보람을 갖고 일에 매진하게 되었다. 부도 직전까지 내몰렸던 이 부실기업은 수년 만에 교세라라는 국내 최대 규모의 IT부품 기업의 한쪽 날개를 담당하는 우량기업으로 성장했다.

그로부터 10여 년이 지나 교세라는 경영이 악화된 또 다른 복사기 제조업체를 흡수합병하며 자회사로 삼아 재건을 지원하게 되었는데, 이때 중심이 되어 일해준 인물이 바로 과거 적자 벤처기업의 공장장이었다. 초대 사장이 된 그는 취임 연설에서 이렇게 이야기했다.

"한때 구원의 대상이었던 우리가 이제는 구원의 주체가 되었습니다. 실로 신기한 운명을 느끼지 않을 수 없습니다."

새 사장이 취임한 뒤 이 복사기 제조업체는 실적을 크게 신장시켜 그룹의 일원으로서 막대한 공헌을 쌓아갔다.

나는 리스크를 감내하며 한 회사를 위기에서 구해주었지만, 일부 뜻이 맞지 않는 직원들의 비방으로 극심한 고통을 겪었다. 하지만 그에 굴하지 않고 오직 직원들을 생각하면서 옳은 방법으로 옳은 일을 행하기 위해 최선을 다했다.

만약 내가 내 개인적인 고통에 매달려 그들을 증오하고 오로지 그들의 비난에만 대응했다면 그룹 전체의 성장 역시 그만큼 후퇴했을 것이다. **나는 그때 경영자는 '나'를 버려야 한다는 것을 깨달았다. 힘든 상황을 빠져나가면 이타의 바람은 돌고 돌아 여러분의 텅 빈 그릇에 안착해 좋은 기운을 불어넣어 줄 것이다.** 타인을 위한 인내와 노력은 반드시 좋은 결과로 되돌아온다.

# 마음이 부르지 않는 일은
# 일어나지 않는다


경영은 물론이고 내 개인적인 삶에서도 상대에게 이득이 돌아가도록 하려는 이타의 마음으로 판단한 일들은 단 하나도 빠짐없이 모두 성공했다. 이 부분은 한 톨의 거짓 없이 말할 수 있다. 하지만 내가 이렇게 말해도 여전히 의심하는 사람이 많을 것이다.

'상대의 이익을 우선하는 건 좋지만, 그 상대가 나쁜 생각을 품고 있다면 어떻게 하지? 한가하게 도움을 베풀려다가 오히려 먹잇감이 되고 말 텐데?'

어떤 면에서 이 말이 옳은지도 모른다. 하지만 나는 역시 그러한 운명조차도 자신의 마음이 끌어당기는 것이라고 말하고 싶다. 나는 지금까지 수많은 사람의 고민을 듣고 상담해줬는데 간혹 이렇게 불만을 표출하는 사람들이 있었다.

"이렇게 나쁜 사람이 또 있을까요? 저는 일방적으로 정말 심한 일을 당했어요."

엉엉 울면서 원통한 표정으로 하소연하는 사람의 이야기를 들어보면, 실은 그 사람이 먼저 그런 심한 짓을 했던 사례가 대부분이었다. 그래서 나는 이렇게 일깨워준다.

"무슨 말씀을 하는 겁니까? 당신이 먼저 더 심한 말과 행동을 했으면서. 입 밖으로 내뱉진 않았더라도 이미 당신은 그런 생각을 하고 있었잖습니까? 그러니 그 마음이 나쁜 사람과 나쁜 일을 끌어당긴 것뿐입니다."

마음이 끌어당기지 않는 일은 생기지 않는다는 법칙은 여기서도 마찬가지다. **남을 속이거나 기만하려는 사람이 가까이 다가오는 것은 자신의 내면에 그와 똑같은 마음이 있기 때문이다.** 정신을 단련하고 깨끗하고 맑은 마음으로 살아간다면 주변 사람의 마음도 똑같이 아름다워질 것이다. 그럴 수밖에 없다. 마음은 언제나 한 방향으로 흐르기 때문이다.

　하지만 그렇게 해도 나쁜 마음을 지닌 사람이 접근한다면 어떻게 해야 할까. 현대사회에서 사람을 가려가며 교제할 수는 없는 노릇이다. 가장 좋은 방법은 그 사람과 엮이지 말고 멀찌감치 거리를 두는 것이다. 가깝게 지내다가도 아무래도 미심쩍은 마음이 들면 적당한 이유를 대고 자리를 떠야 한다. 왠지 내게 해가 미칠 것 같으면 나중에 욕을 먹더라도 깔끔하게 관계를 끊고 만나지 않는 것이 좋다.

　가장 바람직하지 못한 방법은 상대의 행위에 맞서겠다고 자신도 이것저것 대책을 마련해 상대를 비방하고 반격하는 것이다. 권모술수는 늘 파국으로 끝날 수밖에 없다. 명심하라. 그러한 행위를 하는 순간 자신의 마음도 상대와 똑같이 더럽혀지고 똑같은 수준으로 타락하고 만다.

　회사를 경영하다 보면 굉장히 솔깃한 돈벌이 사업이 있다며 달콤한 말로 제안하는 사람이 꼬이기 마련이다. 선한 얼굴로 기업의 자산을 분탕질하고 사기를 치려는 사람이 끊이질 않는다. **경영자의 마음이 온갖 욕심으로 가득 차 있으면 순식간에 그러한 함정에 걸려들고 만다.** 나는 아무런 일면식도 없는 사람이 느닷없이 그럴싸한 사업 아이템을 들고 찾아오거나, 아무런 투자 없이 엄청난 돈을 벌 수 있다고 큰소리치는 사람이 다가오면 아예 대꾸를 하지 않는다. 더불어 그러한 탐욕으로 인해 내 마음이 더럽혀지지 않도록 스스로 철저히 경계한다. 반대의 경우도 마찬가지다.

'그 일은 가망이 없어.'

'그런 쓸모없는 사업에 왜 시간과 돈을 투자하는지 모르겠어.'

'그냥 포기하고 이제 돈벌이에 신경 쓰는 게 어때?'

진지하게 전력을 다해 몰두하는 일에 대해 당장 돈이 되지 않는다고 폄하하거나, 아무런 이유 없이 비난하며 발목을 잡는 사람들에게도 마찬가지다. 일본항공의 재건이 예상을 뛰어넘는 속도로 빠르게 진척되고 큰 성과를 올리기 시작했을 때 나는 칭찬과 축복의 말보다 의심과 저주의 말을 훨씬 더 많이 들었다. 그중에는 까닭 없는 비난과 모함도 있었고, 사실과 전혀 다른 내용의 기사가 보도되기도 했다. 나는 임원진을 포함한 모든 조직원에게 귀를 닫고 묵묵히 자기 일을 해나가자고 격려했다. 적어

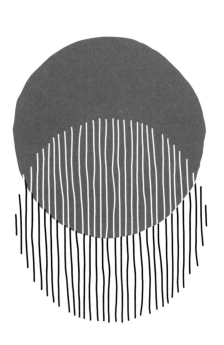

도 리더는 함께 더러워져선 안 된다고 생각했다.

수천 명이 넘는 종업원을 거느린 조직의 경영자라면 최악의 상황에서도 분노에 휩싸여 적과 아귀다툼을 벌여선 안 된다. 고요하고 담대하게 문제의 한복판을 지나갈 줄 알아야 한다. 상대를 넘어뜨리려고 생각하는 순간 자신의 마음도 더러워진다. 근거 없이 남을 비방하는 사람들은 그냥 내버려두면 그에 상응하는 처벌을 받기 마련이다. 동조하거나 대항하지 않으면 그들은 머지않아 조용히 사라질 것이다. 마음이 부르지 않으면 그 어떤 일도 일어나지 않는다.

**실수할 수 있다. 실패할 수도 있다. 그러나 그것에 마음을 빼앗겨선 안 된다. 어떤 상황에서도 휘청거리지 않고 마음을 잘 간수하는 것, 이것이 리더가 가장 먼저 갖춰야 할 태도다.**

# 우주가 지닌
# 거대한 두 힘

마음의 중심에는 우리 존재의 근원이라고 할 수 있는 혼이 존재하며 그 혼의 깊숙한 곳에는 한없이 아름답고 순수한 진아가 있다고 앞에서 설명했다.

진아는 타인을 위해 애쓰고 배려하는 이타심 그 자체라고 해도 좋다. 하지만 우리의 혼 안에 깃들어 있는 것은 이러한 숭고한 진아만이 아니다. '나만 좋으면 된다'는 이기심 또한 혼 안에 잠자고 있다. 나는 이러한 이기심을 진아와 대비해 '자아自我'라고 부른다. 우리 인간의 마음에는 진아와 자아, 즉 이타심과 이기심이라는 상반된 두 마음이 함께 기거하며 대립하고 있는 것이다.

자신에게 유리한 방향으로 늘 생각하는 자아의 작동 방식은 매우 본능적인 것이며 인간이 살아가는 데 반드시 필요한 욕망이다. 그러한 자아가 없으면 애초에 인간은 살아갈 수 없다. 약간의 차이는 있지만 인간은 본능적인 욕망과 이기심을 지닌 채 태어나고, 이 자아는 죽기 전까지 사라지지 않는다. 따라서 우리처럼 평범한 사람이 할 수 있는 최선의 수련은 자아(이기심)를 최소화하고 진아(이타심)를 최대화하는 일이다.

1984년 로스앤젤레스올림픽에서 유도 금메달을 따낸 야마시타 야스히로는 어렸을 때부터 유달리 체격이 크고 힘이 센 데다가 활달하다 못해 장난기까지 흘러넘쳐서 선생님에게 자주 야단을 맞았다고 한다. 친구들에게 하도 심한 장난을 많이 쳐서 걱정이 된 부모님은 야스히로의 남아도는 에너지를 운동에 쏟게 하려고 유도장에 데려갔다. 유도라는 운동은 규칙에서 벗어나지 않는 한 아무리 거친 행동을 해도 꾸지람을 듣지 않는다. 소년 야스히로는 사각의 대련장에서 마치 물 만난 물고기처럼 잠재력을 폭발시켜 유도 실력을 키워갔다. 그는 훗날 자신의 어린 시절을 되돌아보면서 이렇게 말했다.

일본 유도의 창시자 가노 지고로 선생이 정력선용(精力善用, 자신의 힘을 최대한 살려 올바른 곳에 사용하라는 유도의 가르침 – 역자 주)이라는 가르침을 전하셨는데, 저의 부모님 역시 제게 그런 마음가짐을 가르쳐주셨습니다. 그래서 저는 이 말을 능력선용(能力善用), 열의선용(熱意善用)이라고 바꿔서 지금도 제 자신에게 들려주고 있어요.

가노 지고로가 말한 '선용善用'이란 이타의 마음을 토대로 자신이 지닌 능력을 사용하는 일이다. 모든 사람은 자신이 속한 분야에서 뛰어난 능력을 발휘해 최고가 되기를 바란다. 무엇이든 척척 해내는 유능한 리더로 거듭나고 싶고, 그러한 능력을 바탕으로 부와 명예를 쌓고자 최선을 다한다. 여기까지는 자아, 즉 이기심의 영역이다. 하지만 이 경지를 초월한 리더는 자아가 아닌 진아의 마음으로 세상 만물을 대한다. 높은 경지에 도달할수록 자신의 능력을 나만을 위해 사용하느냐, 아니면 남을 위해 사용하느냐에 따라 그 결과가 천차만별이다.

뛰어난 능력은 양날의 검이다. 좋은 방향으로 사용하면 그 사람을 크고 올바르게 성장시키지만, 나쁜 방향으로 사용하면 행위자를 파멸시키고 비참한 말로를 맞이하게 만든다. 회사를 경영할 때도 마찬가지다. 그 동기가 욕망에서 비롯되었거나 금전적인 욕심에 멈추어 있는 경우는 아무리 공부를 하고 경험을 쌓아도 성장을 지속하지 못한다. 왜일까? 우주가 지닌 두 가지 거대한 힘이 작용하기 때문이다.

우주의 대원칙은 하나다. '무한한 성장과 발전'. 우주는 한순간도 정체하지 않고 모든 것을 진화, 발전시키는 데온 에너지를 동원한다. 우주에는 긍정과 이타의 에너지가 가득 차 있다. 그런데 사실 우주에는 또 하나의 중요한 힘이 작동하고 있다. 바로 '조화를 유지하는 힘'이다. 만물이 단순히 끊임없이 성장하고 발전하기만 한다면 어떻게 될까? 반드시 어떤 한 가지가 지나치게 비대해져 전체의 균형을 깨고 말 것이다. 필요 이상으로 거대해진 무언가는 살아 있는 다른 것의 영역을 침범하고 훼손하며 우주의 성장을 방해한다. 이에 **우주는 조화를 유지하는 힘을 통해 비대해진 무언가를 붕괴시키는 방향으로 자연스레 유도한다.** 이

것이 바로 우주의 두 번째 법칙이다. 무엇이든 넘치면 문제를 일으킨다.

좋은 예가 있다. 지구상에서 최초로 번성한 식물은 양치류다. 하지만 지표면의 대부분을 뒤덮을 정도로 지나치게 번식한 나머지 결국은 쇠퇴했다. 공룡 또한 마찬가지다. 육중한 몸체를 지닌 공룡이 지구 생태계를 파괴할 정도로 번성하자 갑작스러운 기후 환경의 변화가 닥쳐와 순식간에 모든 개체를 소멸시켰다.

세계 역사를 살펴봐도 더없는 영화와 부귀를 누리고 영토를 확장하며 비대해진 국가나 민족이 한순간에 몰락하고 멸망한 사례는 수없이 많다. **이는 예외가 없는 진리다. 궤도를 이탈해 필요 이상으로 거대해진 생물은 성장이 절정에 달하면 전체적인 조화를 이루려는 우주의 흐름에 따라 반드시 붕괴하거나 쇠퇴한다. 본연의 이상적인 균형이 유지되도록 궤도가 수정되는 것이다.**

사람의 인생도, 기업의 운명도 여기에서 벗어날 수 없다. 우선은 우주 성장의 법칙에 따라 열심히 노력을 거듭하면 사람도, 기업도 자연히 발전해나간다. 하지만 겸손한 마음을 잃고 순간의 욕망을 좇아 확대만을 목표로 밀고 나간다면 반드시 균형이 무너진다. 극단적으로 비대해진 것은 우주의 법칙에 따라 반드시 소멸된다.

성장으로 향하는 계단을 거침없이 올라가던 회사가 어느 날 갑자기 업계에서 사라지는 일이 자주 일어나는 것은 실은 이러한 우주의 메커니즘이 작동하기 때문이다. 무분별한 확대와 성장 끝에 찾아오는 파멸을 피하려면 이기의 마음을 덜어내고 이타의 마음을 가꿔야 한다. 거대 조직을 이끄는 경영자라면 먼저 직원의 행복을 위해 노력을 다하고, 그 목표를 실현한 뒤 고객과 거래처 그리고 지역 사회로 '공헌의 대상'을 넓혀가야 한다. 이타의 마음을 근본에 두고 조직을 경영한다면 반드시 온 우주가 응원해 조화로운 성장을 거듭할 것이다.

절도 ●

## 그것은 신이
## 허락하지 않습니다

조화를 이루며 다 함께 성장하는 삶이란 구체적으로 어떤 모습일까? 그 좋은 본보기를 우리는 자연계에서 찾을 수 있다. '약육강식'은 자연의 가장 보편적 법칙으로 알려져 있지만, 백수의 왕인 사자도 한 번 사냥을 한 뒤 배가 차면 일주일 정도는 사냥감이 바로 곁에 있어도 덮치지 않는다. 욕심이 동하는 대로 탐하다가는 언젠가는 사냥감의 개체 수가 고갈될 것이라는 사실을 본능적으로 알고 있기 때문이다. 교토대학교 영장류학자 이타니 준이치로 교수는 이와 관련한 흥미로운 이야기를 전한다.

초식동물로 알려진 침팬지는 때로는 소나 양 같은 덩치가 큰 포유동물을 공격한다. 동물성 단백질은 맛도 좋고 영양가도 높아서 굶주린 침팬지 무리에게 훌륭한 식량이 되어주기 때문이다. 그런데 이렇게 매력적인 먹잇감이라면 모든 끼니를 육식으로 이어 가도 될 텐데 왜 침팬지들은 '가끔' 포유동물을 사냥하는 걸까? 사자나 호랑이처럼 초식동물을 사냥해 포식하는 게 그들에게는 더 이롭지 않을까? 하지만 침팬지 무리는 결코 그렇게 하지 않는다. 정확히 측정되진 않았지만, 침팬지가 자신들과 같은 포유동물을 잡아먹는 빈도수는 대단히 낮다. 그들은 자신들이 살아가는 데 반드시 필요한 영양분을 포식하고 나면 그 이상은 탐하지 않는다.

이 이야기를 들었을 때 나는 자연계에는 있고 인간계에는 없는 '절도節度'를 느꼈다. 생존에 필요한 최소한의 노력은 모든 생명에게 절실하다. 하지만 동물들은 그 이상의 욕망을 탐하지 않는다. '끝없는 욕망'보다 '만족할 줄 아는 절제'가 생존에 더 유리하다는 것이 수만 년의 진화를 겪으며 몸에 각인된 것이다. 이것이 그들의 '만족 본능'이다. 이타니 교수는 이런 이야기도 들려주었다.

이타니 교수가 아프리카로 연구 조사를 하러 갔을 때의 일이다. 소위 '화전농법'으로 토란류 작물을 재배하는 어느 촌락에 방문했는데, 삼림을 태워 밭을 일구는 화전농법은 한 토지에서 작물을 수확할 수 있는 기간이 고작 2~3년에 불과하다고 한다. 그 이상 연작하면 경작지의 양분이 다 빠져나가기 때문이다. 그러면 그들은 다른 토지를 찾아 구획을 가른 뒤 다시 나무를 태워 밭을 만들고 그곳에 씨를 뿌려 작물을 수확한다. 이렇게 몇 년 연작하면 또다시 다음 구획으로 옮겨 가기를 반복하는 것이다. 하지만 그들은 이렇게 태우는 토지를 무한히 확대해나가지는 않는다. 예를 들어 열 구획 정도를 돌면 다시 처음 구획으로 돌아간다. 그때쯤이면 처음에 태웠던 땅에도 충분히 영양이 회복되어 나무가 자라나 삼림이 형성되기 때문이다.

이타니 교수 연구팀이 수년 전부터 매년 들르는 촌락을 찾아갔을 때였다. 여느 때 같으면 정성을 다해 음식을 대접하던 마을 사람들이 너무나 미안해하는 표정으로 "올해는 먹을 것이 없어서요"라고 말했다고 한다. 이유를 물으니 그해에는 각국에서 조사대가 찾아오는 바람에 자신들이 먹을 식량마저도 부족해졌다고 한다. 교수는 연구팀이 갖고 온 식량을 마을 사람들에게 조금씩 나눠 줬다. 그런데 나는 그 대목에서 한 가지 의문이 떠올라 교수에게 솔직하게 털어놓았다.

"식량이 부족하면 화전을 더 많이 일구면 되지 않을까요?"

이타니 교수 역시 똑같은 질문을 촌락의 어르신에게 던졌다고 했다. 그러자 그는 이렇게 답했다고 한다.

**"그것은 신이 허락하지 않습니다."**

제한 없이 숲을 태우면 자연의 재생력을 파괴하고 그것이 결국 자신들의 목을 죄게 될 거라는 사실을 촌락 사람들은 잘 알고 있었다. 흔히들 도시에 사는 문명인이 자연에서 원시적으로 살아가는 사람들보다 지성이 훨씬 더 뛰어나다고 여기지만 나는 정반대로 생각한다. 자연과 벗삼아 살아가는 사람들은 적당할 때 만족할줄 아는 자연의 절도를 분명히 깨닫고 있다.

메이지유신의 주역 사이고 다카모리는 한때 번주(藩主, 천자에게 조공을 바치는 소국의 왕 – 역자 주)의 노여움을 사 작은 섬으로 귀양을 떠났다. 섬에서 아이들에게 학문을 가르치던 때 한 아이가 질문했다.

"일가가 화목하게 지내려면 어떻게 해야 합니까?"

그는 이렇게 대답했다.

"가족 모두가 각자 조금씩 욕심을 줄이면 된단다."

맛있는 음식이 있다면 독식하지 말고 나눠 먹는다. 즐거운 일이 있으면 그 즐거움을 혼자만 누리지 말고 가족과 함께 누린다. 슬픈 일이 생기면 함께 슬퍼하며 서로가 서로의 버팀목이 되어준다.

나는 이 원리를 기업 경영에 그대로 적용했다. 화목한 가정과 화목한 기업을 만들고 싶다면 지나친 자기애를 경계해야 한다. 인간의 과오와 오만, 몰락과 실패는 모두 자신을 지나치게 사랑하는 마음이 만들어내는 폐해다. 자기애, 사심, 이기심으로 얼룩진 마음은 인간이 태어날 때부터 지니고 있는 본능이자 진정한 성장과 성공을 가로막는 근원적인 한계다. 우리가 죽을 때까지 쉬지 않고 애써야 할 사명이 하나 있다면 그것은 마음의 그릇에 그득히 쌓인 자기애의 욕망을 덜어내는 일이다. 그것들을 모두 비우고 나면 비로소 새하얗고 단단한 그릇의 바닥이 드러날 것이고, 그 안에 자신만의 고결한 진아를 쌓아가야 한다.

지금까지의 경제는 욕망과 이기를 지렛대로 삼아 그 외피를 무한히 확대해왔다. 돌이킬 수 없는 지경에 이른 환경오염과 도무지 나아질 기미가 보이지 않는 빈부격차를 포함한 수많은 폐해가 용암처럼 분출되고 있다. 기업이 지금까지 하던 방식으로는 이 문제를 해결할 수 없다.

조직을 이끄는 리더들의 인식이 완전히 바뀌어야 한다. 나는 인류의 문명이 현재 매우 중요한 전환점에 서 있다고 생각한다. 과연 이 지구라는 행성에 우리 인류와 수많은 생명체가 마음껏 먹을 만큼의 식량이 남아 있을까? 지금과 같은 추세로 자연을 끊임없이 파괴하고 생명을 착취한다면 생각보다 이른 시기에 인류는 멸종되고 말 것이라고 나는 확신한다. **자멸할 것을 알면서도 끊임없이 탐욕을 부리는 것이 인간의 본능이다.** 인류에겐 그 무엇보다도 멈출 줄 아는 절도가 필요하다.

지금까지의 인류 문명이 오직 앞으로 나아가기만 하는 이기심을 원동력으로 삼아 발전해왔다면, 이제는 앞이 아니라 옆과 뒤를 살피며 모든 사람을 더욱 행복하게 만들어줄 이타심을 토대로 문명을 새롭게 구축해야 한다. 그것만이 신이 우리에게 허락한 숙명이다.

세 번째 질문

# 투지

强

"강한 마음을 어떻게 끝까지 유지할 것인가?"

"쉬지 않고 수행하는 자는

모든 번뇌를 태워버린다.

불이 모든 것을 태워버리듯이."


比丘謹愼樂 放逸多憂愆

結使所纏裏 爲火燒已盡


『법구경法句經』

## 고결하게, 강인하게,
## 그리고 한결같이

목표하는 일을 성취하는 사람과 그렇지 못한 사람의 차이는 아주 근소하다. 지금까지 본 적이 없는 엄청나게 높은 장벽을 맞닥뜨렸을 때 잠깐의 망설임도 없이 기어오르려는 사람, 그리고 머뭇거리며 다른 길을 찾는 사람. 바닥이 보이지 않는 까마득한 절벽을 마주했을 때 지극히 순수한 마음으로 '뛰어넘을 수 있다'고 확신하는 사람, 그리고 모든 것을 단념하고 주저앉는 사람. 모든 성공과 실패는 찰나의 순간에 어떤 마음을 먹는지에 따라 결정된다.

'올라가지 못하는 건 아닐까?' 주춤하고 망설이는 마음이 조금이라도 비집고 들어오면 다리가 움츠러들어 꼼짝 할 수 없게 된다. 나중에서야 필사적으로 '아냐, 난 오를 수 있어' 하고 마음을 다잡으려 해도 이미 늦었다. 그 작은 차이가 운명을 크게 뒤집는다. 그 어떤 일이 닥치더라도 우선은 '할 수 있다'고 단단히 마음을 먹고 희망적인 미래가 찾아올 것이라고 믿어야 한다. 벽이 가로막아도 주눅 들지 않고 정면으로 맞서서 나아가야 한다.

규모가 크든 작든 조직을 한 번이라도 이끌어본 리더라면 누구나 이런 경험이 있을 것이다. 도무지 답이 보이지 않을 정도로 난처하고 막막한 상황에 처했을 때, 살아오며 쌓은 온갖 지혜를 동원해 문제에 맞섰지만 결국 처참히 패해 깊은 좌절에 빠졌을 때… '나도 할 만큼 했으니 이제 될 대로 되어라'는 식으로 마지막 한 걸음을 내딛자마자 컴컴하기만 했던 주변이 환하게 밝아지면서 그동안 한없이 복잡하게만 보였던 총체적인 문제의 형국이 너무나 간단하고 명쾌하게 독파되던 순간을 말이다. 아득히 먼 저편에서 조그맣게만 보이던 문제 해결의 단초가 어느새 손이 닿는 곳에 다가와 가슴이 두근거렸을 것이다.

교세라를 창업한 초창기에 나는 신규 고객을 유치하려

고 직원들을 데리고 이리저리 뛰어다녔다. 하지만 실적도, 신용도 없는 무명의 작은 회사를 환대해주는 거래처는 단 한 곳도 없었다. 우리를 보곤 문전박대를 하기 일쑤였다. 그래도 포기하지 않고 수도 없이 머리를 조아리며 사무실에 들어가 어떻게든 담당자를 만났다.

"우리는 계열사에서만 부품을 들여옵니다. 당신들 같은 이름도 모르는 작은 회사에서는 결코 구매할 일이 없습니다. 당장 나가세요."

세상은 만만치 않았다. 이런 수모가 반복될 때마다 직원들의 기가 꺾이고 자존감에 상처가 생기는 것이 눈에 보일 정도였다. 나는 정신적으로 완전히 무너져버린 직원들을, 그리고 나 자신을 격려하기 위해 억지로 미소를 지으며 이렇게 말했다.

"고작 한두 번으로 포기할 순 없습니다. 눈앞의 벽이 아무리 높아 보여도 막상 손을 대보면 그건 돌이 아니라 종이일 수도 있습니다. 종이라면 찢어버리면 그만이고, 만약 돌이라면 정으로 쪼개든지 망치로 부수면 됩니다. 온몸으로 부딪혀 만신창이가 될지언정, 해볼 수 있는데도 더 이상 도전하지 않고 주저앉는 것이 더 수치스러운 일이라고 생각합니다. 이대로 포기하는 것은 제 마음이 시키지 않습니다."

그렇게 끝까지 매달린 덕분에 첫 거래처를 뚫을 수 있었고, 한번 거래가 트이자 그다음 거래처를 물색하는 일은 식은 죽 먹기보다 쉬워졌다. 원하는 일을 관철하려면 무슨 일이 있어도 해내고 말겠다는 강렬한 소망과 어떤 역경에도 지지 않고 앞으로 나아가려는 꼿꼿한 의지가 필요하다. **서릿발같이 단단한 리더의 투지는 무한히 성장하는 우주의 기운에 닿아 순식간에 조직의 마음에 전파되어 거대한 파장을 일으킨다.**

그리고 이 파장을 일으킬 최초의 도화선은 바로 '희생'이다. 제임스 앨런은 이런 말을 남겼다.

성공을 손에 넣지 못한 사람은 자신의 욕망을 전혀 희생하지 않은 사람들이다. 성공을 바란다면 그에 따르는 희생을 치러야 한다. 큰 성공을 원한다면 큰 희생을, 더없이 큰 성공을 원한다면 더없이 큰 희생을 치러야만 한다.

절박한 마음만이 우리가 지닌 가장 강력한 저력이다.

교세라를 창업한 뒤 수십 년이 지나 정부의 간곡한 청에 어쩔 수 없이 일본항공의 재건을 맡게 되었을 때 나는 전 직원 앞에서 이런 말을 했다.

"새로운 목표를 달성하려면 그에 상응하는 희생이 필요합니다. 어떤 고난 앞에서도 절대로 꺾이지 않겠다는 마음가짐 말이지요. 앞으로 딱 1년간 여러분의 가슴속에 '일편단심'이라는 네 글자를 새긴 채 오로지 일에 전념해주십시오. 고결하게, 강인하게, 그리고 한결같이!"

**기세** ●

# 성공을 의심하는 사람에게
# 성공이 찾아올 리 없다

지방 소도시의 작은 공장에서 출발한 교세라가 국내외에서 주목을 받고 비약적인 발전을 이룬 계기는 세계적인 컴퓨터 회사 IBM의 대형 범용 컴퓨터에 들어갈 핵심 부품을 수주한 일이었다. 이 수주 건은 당시 교세라 한 해 매출의 25퍼센트를 차지하는 엄청난 금액의 주문이었다. 독일의 유명한 세라믹 제조회사를 제치고 거머쥔 쾌거였기에 나와 직원들은 너무 기뻐서 수주가 결정된 바로 그날 스키야키(얇게 썬 고기와 갖가지 채소, 두부, 버섯 등을 넣고 자작하게 끓여 먹는 일본식 전골요리 - 역자 주) 파티를 열었다. 하지만 행운은 거기까지였다. 그로부터 햇수로 3년간 교세라는 혹독한 고난의 터널을 통과해야만 했다.

IBM이 제시한 사양서의 품질 기준은 당시 우리 회사가 보유한 기술력에 비해 말도 안 될 정도로 높은 수준이었다. 그들이 요구하는 측정의 정확도 역시 그간 교세라가 적용한 기준보다 열 배 이상 까다로웠다. 심지어 당시 교세라에는 완성된 제품의 성능을 자체적으로 측정할 기기조차 없었다. 하지만 나와 직원들의 투쟁심은 뜨겁게 타올랐다. 동네 구멍가게 수준의 작은 부품 업체인 교세라가 세계 첨단 산업계에 이름을 떨칠 수 있는 기회였다. 그리고 이 험난한 시험을 통과하고 나면 답보 상태에 머물러 있던 세라믹 기술력을 세계적인 수준으로 도약시킬 수 있었다.

'반드시 성공하고야 만다.'

IBM의 제품 발주를 받은 직후부터 나는 이 문장을 하루에 백 번도 넘게 속으로 되뇌었고, 공장에서 직원들과 숙식을 같이하면서 작업의 전 과정을 지도하고 감독하기로 마음먹었다. 직원들은 연일 밤낮으로 피로와 싸워가며 일에 매진했다. 어떤 날은 녹초가 되어서 집으로 돌아가는 직원들을 회사 정문에서 기다렸다가 일일이 손을 붙잡고 배웅을 해줬다.

"늦게까지 정말 고생이 많았습니다. 고맙습니다!"

직원들은 모두 퇴근했지만 경영자로서 내 일은 그때부터가 진짜 시작이었다. 텅 빈 작업실을 한 바퀴 둘러본 뒤 집무실로 돌아가 제조 과정에서 개선할 사항이나 마음에 걸리는 점 등을 되돌아보고 각 설비반장들에게 지시할 내용을 따로 정리해뒀다. 너무나 다양한 작업 공정이 동시다발적으로 진행됐기에 아무리 잠을 줄여도 늘 시간이 빠듯했다. 동트기 직전에야 공장에 병설된 기숙사로 돌아갔고 그러다 보니 어느새 직원들 사이에서 나는 '고젠사마'(午前様, 심야가 지나 다음 날 아침까지 일하다 귀가하는 사람을 일컫는 말 - 역자 주)라는 별명으로 불리고 있었다.

그렇게 몇 달을 고생해 드디어 시제품을 만들어 IBM에 납품했다. 하지만 결과는 참담했다. '불량품'이라고 도장이 찍힌 채 모두 반품되어 돌아왔다. '시제품의 색상이 너무 불량해서 합격 여부의 판정조차 내릴 수 없다'는 통보를 받으니 어디서부터 무엇을 어떻게 개선해야 할지 몰라 아득해 두 눈에서 눈물이 줄줄 흘러내렸다. 정신을 차리고 현실을 직시했다. 소재 개선부터 완전히 새롭게 다시 시작해야 했다. 대체 이 긴 터널이 언제 끝날지 막막하기만 했고, 어느 날 마침내 합격 통보를 받아 뛸 듯이 기뻐하다가 아침에 깨어나 모두 꿈이었다는 것을 깨닫고는 허탈감에 미친 사람처럼 울다가 웃는 일이 수도 없이 반복됐다.

그렇게 시행착오를 거듭하는 동안 때로는 어쩔 도리가 없는 절망감에 너무 분해서 눈물을 찔끔거리기도 했다. 내가 무너져내릴 때마다 나를 구해준 것은 다름 아닌 직원들이었다. 경영자가 헛된 기대와 바닥을 알 수 없는 낙담 사이를 수없이 오가며 방황하는 동안 직원들은 각자의 자리에서 묵묵히 계속 노력해주었다. 그런 노고가 결실을 맺어 교세라는 프로젝트를 수주한 지 정확히 7개월 만에 최종 합격 통지를 받았다. 그때부터 나는 공장을 24시간 가동시켰고 다행히 대규모 수주 물량을 기한 안에 납품할 수 있었다. 세계에서 가장 잘나가는 IT 기업이 요구하는 까다로운 사양 기준을 따라잡다 보니 어느새 교세라는 국내에서 가장 높은 기술력을 보유한 세라믹 부품 회사로 명성을 날리게 되었다.

"수주한 제품의 개발과 생산은 어느 정도의 확률로 성공하십니까?"

이런 질문을 받으면 나는 망설이지 않고 대답한다.

"착수한 개발은 반드시 성공시킵니다."

나는 그 어떤 프로젝트일지라도 일단 한번 착수하면 '시간이 얼마나 걸릴지 모르지만 반드시 할 수 있다'고 굳게 믿는다. 도중에 그 어떤 난관에 부딪히더라도, 아무리 험난한 장애물이 나타나더라도 결코 포기하지 않고 앞으로 나아간다. 나는 이러한 자세를 두고 '기세氣勢'라고 부른다.

**실력이 아무리 뛰어나도 기세가 없다면 성공에 닿을 확률은 낮아진다. 반대로 상황이 아무리 안 좋아도 기세만 있다면 얼마든지 뚫고 나갈 수 있다.**

마음이 부르지 않는 일은 일어나지 않는다. 마찬가지로, 마음이 부르는 일은 언젠가는 반드시 일어난다.

'아마 지금 당장 성공하는 건 무리일 거야… 일단 이번엔 포기하고 다음 기회를 노리는 게 현실적이겠지?'

성공을 의심하고, 실패에 더 큰 무게를 두는 사람에게 성공이 일어날 리 없다. 그리고 늘 성공만 생각하고 의심의 여지없이 성공할 것이라고 믿는 사람에게 성공이 일어나지 않을 리 없다. 어떤 일이든 무조건 해내겠다는 투지, 즉 바위를 부술 것만 같은 기세야말로 성공의 전제 조건이다.

## 정말 강한 리더는
## 소리가 없다

일을 제대로 성취하려면 강렬하게 뻗쳐나가는 노도와 같은 투지가 중요하다고 강조했다. 하지만 이 투지라는 감정 안에는 용암처럼 순식간에 타오르는 맹렬한 마음뿐만 아니라, 마치 찻잔 속의 태풍처럼 고요하게 휘몰아치는 절제된 마음 또한 공존한다. 나는 이처럼 단단하게 응축된 결의를 '염원念願'이라고 부른다.

내가 존경하는 경영자들은 한 가지 공통점을 지니고 있다. 겉으론 대단히 유해 보이고 더러 빈틈도 보이는데, 어떤 안 좋은 상황이 닥치면 그 어떤 일에도 쉽게 감정적으로 동요하지 않고 평상을 유지한다. 총알이 난무하는 악화일로를 걸으면서도 마음에 방탄조끼를 입은 사람처럼 담담하고 무심하게 사태를 통과한다. 그들은 예기치 못한 변수가 발생해 일이 어그러졌을 때조차 '이제 다 틀렸어!' 하고 주저앉는 대신 그 자리에서 훌훌 털고 일어나 뚜벅뚜벅 다시 걸어간다. 마음속에 '염원'을 품은 리더란 바로 이런 사람들이다. 자신이 세운 목표를 달성하기 위해 몇 번이고 묵묵히 도전할 수 있는 상상력과 여유를 품은 사람들이다.

**염원이란 바위를 파고드는 물방울과도 같은 마음이다.** 아무리 거대하고 단단한 바위일지라도 끊임없이 물방울을 떨어뜨리면 언젠가는 구멍이 뚫린다. 요란하게 물을 쏟아부어 봤자 단단한 바위에 흠집조차 남길 수 없다. 성취에는 시간이 필요하다. 그리고 경영자는 그 장구한 시간을 견딜 인내의 마음을 갖춰야 한다.

교세라는 창업한 이래 몇 년간은 파인세라믹 기술을 중심축으로 사업을 전개했다. 그러나 한 단계 더 성장하려면 사업의 다각화를 도모해야 했다. 이때 내가 선택한 사업이 보석의 재결정(再結晶, 화합물의 불순물 제거법 중 하나로 화합물을 물 등의 용매에 녹여 냉각 또는 증발시켜 다시 결정화하는 첨단 기술을 뜻한다 - 역자 주) 개발이었다. 지금까지 교세라가 구축한 기술 개발의 연장선에 있으면서도 우리의 강점을 살릴 수 있는 분야였기 때문이다.

에메랄드는 애초에 좋은 품질의 원석을 채굴하는 것이 상당히 어려운 보석 중 하나다. 그래서 시장에는 질이 떨어지는 상품들이 말도 안 되는 고가로 버젓이 유통되고 있었다. 나는 에메랄드를 재결정 보석으로 만들어 시장에 유통할 수 있다면 큰 성공을 거둘 수 있을 것이라고 생각했다. 하지만 실제로 기술 개발에 착수해보니 결코 만만한 작업이 아니었다. 밤낮없이 연구에 매달렸지만 처음 몇 달은 아무런 성과를 얻을 수 없었다. 현미경으로 들여다봐야 겨우 보일 정도로 아주 작은 결정밖에 만들어낼 수 없었다. 연구원들은 그래도 포기하지 않고 내게 다가와 먼저 말을 걸어줬다.

"조금만 더 해보죠. 언젠간 끝이 보이겠죠."

서로 독려하면서 노력을 멈추지 않았지만 상황은 우리 뜻대로 흘러가지 않았다. 이제 조금 나아졌나 싶어 살펴보면 여전히 미립조차 되지 않은 작은 알맹이가 보일 뿐이었다. 재결정 에메랄드를 개발하는 여정은 당초 계획보다 훨씬 늦어졌고 투입되는 비용은 감당할 수 없는 수준으로 치달았다. 이러다 회사가 망하는 건 아닐지 걱정도 됐지만 나는 연구원들을 끝까지 믿고 끊임없이 격려했다.

"지금은 좁쌀만 한 결정밖에 만들지 못하지만 이 프로젝트를 성공시키면 전 세계에서도 유례를 찾아볼 수 없는 엄청난 품질의 재결정 에메랄드를 만들어낼 것입니다. 저는 여러분을 믿습니다. 인간의 능력은 무한해요. 그 능력을 믿고 우리 다 함께 계속 도전해봅시다."

적지 않은 시간이 흘러 우리는 드디어 맑고 커다란 초록빛 육각주의 결정을 만들어냈다. 그 결정에서 가장 아름다운 부분을 떼어내 한없이 영롱하게 빛나는, 모든 면에서 완벽한 재결정 에메랄드를 완성했다. 여기까지 오는데 무려 7년이 걸렸다.

간절하게 무언가를 바라는 마음이 단단하게 지속되면 그 일은 반드시 현실에 일어난다. 나는 왼손 약지에 커다란 에메랄드 반지를 끼고 있는데, 이 에메랄드는 우리 직원들이 처음으로 채취한 가장 크고 아름다운 결정이다. 포기하지 않고 도전을 계속한 직원들의 '염원'이 모여 이

영롱한 에메랄드를 만들어낸 것이다.

염원은 인간 마음의 캔버스에 그리는 생각, 비전, 꿈, 희망 그 자체다. 마음의 작용이라고 해도 좋고, 그로 인해 생겨난 의도 또는 의지라고도 할 수 있다. 사람의 모든 행동을 이끌어내는 의지력의 원천도 바로 염원이다. **간절히 바라는 마음 없이는 아무 일도 현실로 나타나지 않는다.** 마음에 그린 '염원'을 현실로 이루려면 '이렇게 되면 좋겠는데…' 하고 막연하게 바라기만 해서는 부족하다. 흔들리지 않는 절실한 의지로 끊임없이 마음에 연료를 보충해야 한다.

애초에 인간이 지금과 같은 문명을 구축한 원동력도 강렬한 염원이었다. 이 지구에서 삶을 영위하기 시작할 무렵의 원시 인간들은 산과 들, 바다와 강에서 식량을 채집하는 수렵생활을 했다. 하지만 수렵생활은 기후 등 자연환경의 변화에 너무나 큰 영향을 받을 수밖에 없었다. 선조들은 좀 더 안정되고 예측할 수 있는 삶을 살고 싶다는 강한 염원을 품게 되었고, 결국 삼림을 개간하여 화전을 일구고 작물을 재배하는 농경생활로 삶의 형태를 진화시켰다. 좀 더 효율적으로 곡물을 생산하고 수확량을 늘리

고 싶다는 소망이 점점 커지자 창의적인 연구를 거듭하면서 정밀한 기계를 만들어내 새로운 기술을 발전시켰다. 더 편리하고 더 풍요로운 생활을 영위하고 싶다는 강한 '바람'이 갖가지 발명과 발견으로 이어져 고도의 문명사회를 건설하는 원동력이 된 것이다.

가장 빨리 목적지에 도달하고 싶다는 절실한 바람이 자동차를 육지에서 달리게 했고, 하늘을 날고 싶다는 간절한 소망이 넓은 하늘에 비행기를 띄웠으며, 우주를 여행하고 싶다는 무궁무진한 상상력이 우주선을 달로 쏘았다. 지금도 인류는 마음에 그린 염원을 원동력으로 삼아 묵묵히 전진하고 있다.

그런데 요즘 사람들을 가만히 관찰해보면, 이렇게 간절하게 무언가를 바라는 마음이 얼마나 중요한지를 다들 잊어버린 것 같다. 이성을 동원해 '생각하는' 것만 중시하고 감성적으로 '향유하는' 것에만 만족하는 분위기가 안타깝다. 사고와 감각을 형성하는 근본인 '마음'과 그것이 보석처럼 단단하게 결정된 '염원'의 존재에 대해서는 완전히 무시하고 있는 것 같다.

사업을 일으켜 세상을 변화시켜 보겠다는 절실한 염원

을 품은 경영자라면 그렇게 안일하게 생각해서는 안 된다. 묵묵히 도전해나가다 보면, 처음에는 도저히 불가능하다고 여기던 일들도 언젠가는 현실로 만들 수 있다. 경영자가 한 가지 목표를 세우고 그 목표에 도달하기를 간절히 바란다면 직원들은 그 절절한 마음의 진동을 느끼고 어떻게 해서든 목표를 실현하고야 말겠다는 염원을 품을 수밖에 없다. 이것이 마음의 작동 원리이고, 우주의 법칙이다. 간절한 마음은 그 무엇보다 빠르게 퍼지기 때문이다.

# 미래를 믿고 나아가면
# '신의 속삭임'이 들린다

회사에 아무런 문제가 없을 때는 경영자가 필요하지 않다. 경영자의 존재 이유는 회사에 닥친 문제를 해결하기 위해 돌파구를 마련하는 것이기 때문이다. 그저 조직을 순탄하게 관리하고 사업을 효율적으로 운영하는 일은 경영자가 아니더라도 조직의 구성원이라면 당연히 해야 하는 일이다. 리더라면 분명 그보다 더 곤란하고 난망한 일에 뛰어들어야 한다.

내가 이러한 사실을 강렬하게 의식한 것은 경영의 세계에 몸을 던진 후 교세라의 주식을 상장했을 때였다. 수

많은 기업이 처음 주주를 모집할 때는 원대한 목표를 세우고 주주에게 반드시 큰 수익을 돌려주겠다고 약속하지만, 매년 실적 발표의 순간이 다가오면 불황과 경제 악화를 핑계로 대며 슬그머니 목표를 하향 조정한다. 나는 지난 수십 년간 재계의 그런 모습을 수없이 봐왔다. 이런 일이 당연하게 자행되면 결국은 직원들도 목표를 단지 말뿐으로만 생각하게 되어 일할 의욕을 잃고 사기가 꺾일 수밖에 없다. 하지만 아주 극소수의 경영자는 그 어떤 역경에 부딪히더라도 자신이 기존에 세운 목표를 수정하지 않고 끝까지 나아간다. 그리고 보기 좋게 목표를 달성한다.

'이 길 끝에는 반드시 내가 상상한 미래가 있다'는 확신을 품고 뚜벅뚜벅 걸어간다. 사방이 완전히 꽉 막힌 길 위에 있는 것 같아도, 힘겹게 산 정상에 오르고 나면 한눈에 시야가 펼쳐지듯이 그때까지 안고 있던 고민이나 의문이 한순간에 스르르 녹아내리기도 한다. 이것을 나는 '신의 속삭임'이라고 부른다. 미래를 믿고 한 걸음씩 착실하게 걸어가는 사람들만이 손에 넣을 수 있는 하늘이 내린 포상이라고 해도 좋을 것이다.

대학을 졸업하고 처음 취직한 회사에서 나는 나중에 브

라운관TV의 절연부품에 사용된 포스테라이트(Forsterite, 고토감람석)라는 재료의 합성에 성공했지만 그것을 양산하는 방법을 찾지 못해 고전 중이었다. 최대의 난관은 포스테라이트를 성형하는 방법을 찾는 것이었다. 세라믹 원료의 분말을 성형하려면 밀가루를 반죽할 때처럼 찰지게 해주는 재료가 필요하다. 하지만 불순물이 섞이지 않으면서 잘 엉기게 해주는 양질의 재료를 도저히 찾을 수가 없었다. 나는 회사에 냄비와 솥까지 가지고 와서 거의 살다시피 하며 날마다 시행착오를 반복했다.

그러던 어느 날 구두 밑창에 무언가가 들러붙어 들여다봤더니, 실험에 사용하는 파라핀왁스(양초, 파라핀지 등의 제조에 사용되는 왁스 고형물로 굳으면 단단해진다 – 역자 주)였다. 누군가가 사용하고 나서 통로에 그대로 버려둔 것이었다. 잠시 짜증이 일었지만 나는 구두 밑창에 시선을 못 박은 채 한참을 가만히 있었다. 이 파라핀왁스를 원료 분말에 섞어서 성형해보면 어떨까 하는 생각이 번뜩 떠올랐기 때문이다. 나는 당장 실험실로 돌아가 포스테라이트와 파라핀왁스를 섞어 성형한 재료를 고온에서 구워봤다. 예상은 적중했다. 엉김 재료로 사용한 파라핀왁스는 다 타고 없어졌기에 마침내 불순물이 섞이지 않은 순수한 포스테라이트 제품을 만들어낼 수 있었다.

이는 틀림없이 '신의 속삭임'이었다. 당시 나와 전 직원은 온 마음을 다해 일에 매진하고 한마음이 되어 연구를 거듭하고 있었다. 그런 우리의 모습을 가엾게 여긴 것일까? 신이 힘을 빌려준 것이다. 그게 아니고서는 도저히 설명이 되지 않는 절묘한 우연이고 기적이었다.

이런 비슷한 일은 교세라를 창업한 뒤에도 일어났다. 미국의 한 반도체 회사에서 얇은 세라믹 판 두 장을 겹쳐 만든 IC패키지의 개발과 제조를 의뢰해왔을 때의 일이다. 곧장 팀을 모아 개발에 착수했지만 예상을 훨씬 뛰어넘는 어려운 작업이 기다리고 있었다. 얇은 테이프 모양의 세라믹시트를 만드는 일도 처음이었고, 그 세라믹시트를 겹쳐서 구워내는 작업 또한 한 번도 해본 적이 없었다. 거기까지는 사전 작업에 불과했다. 완성한 세라믹시트 위에 전기 신호를 주고받을 복잡한 전자회로까지 인화해야 했다. 당시 교세라의 기술력으로는 소화할 수 없는 작업이었다.

우리는 온갖 방법을 동원해 달려들었고 마침내 한 가지

기발한 발상을 떠올렸다. 굳이 세라믹 분말을 구워서 굳힐 것이 아니라, 아예 세라믹시트 자체를 껌처럼 점성이 있고 말랑말랑한 물질로 만들어보자는 아이디어였다. 내열성이 있는 금속 분말을 페이스트 상태로 압축해 그것들을 겹겹이 대곤 그 사이에 껌 같은 끈적끈적한 물질을 넣어 맞붙이자는 것이었다. 이 아이디어 역시 사소한 우연에서 비롯했다. 직원 중 한 명이 종이컵 안에 껌을 뱉었는데 거기에 껌이 있는지 모르고 누군가가 종이컵을 포갰다. 그 바람에 종이컵끼리 붙어버렸고 그 모습을 본 내가 퍼뜩 아이디어를 떠올린 것이다.

이제 그렇게 만든 일명 '껌 세라믹시트' 위에 전자회로를 새겨 넣어야 했다. 이 문제도 내가 자주 방문하던 교토의 한 염색직물 가게에서 실마리를 얻어 해결할 수 있었다. 그 가게에서는 실크스크린 인쇄기법으로 직물 위에 화려한 문양을 그렸는데, 거기에서 착안해 공장에 실크스크린 장비를 들여와 전자회로를 새겨봤다. 결과는 대성공이었다. 우리에게 일을 맡긴 실리콘밸리의 반도체 기업은 이 '세라믹 다층 패키지'를 채택해주었다.

당시 이 기술은 그 어떤 개발사도 시도하지 않았기에

우리는 거의 시장 독점 상태에서 공급을 계속할 수 있었고 그에 따라 회사의 규모와 기술력은 비약적으로 성장했다. 나는 이때의 사건이 전 직원의 불굴의 투지에 감복한 하늘이 선물해준 '신의 속삭임'이었다고 굳게 믿는다.

## 리더라면
## 일 앞에서 좀 더 난폭해져야 한다

'마음가짐' 하나만으로 완전히 새로운 인생을 일군 인물이 있다. 그는 말 그대로 투지의 화신이었다. 나카무라 덴푸는 인도에 건너가 요가를 수행한 철학자인데 매우 독특한 삶을 살아간 인물이다. 덴푸의 아버지는 일본 재무성의 전신 대장성에 소속된 관료였다. 타고난 기질이 거칠었던 덴푸는 장정 여럿이 붙어도 감당할 수 없을 만큼 동네의 유명한 망나니였다. 아들을 다루기가 힘에 부쳤던 아버지는 당시 정계 거물이었던 도야마 미쓰루에게 덴푸를 맡겼다. 그러나 도야마는 덴푸에게 의외의 조언을 했다.

"너는 더 난폭하게 굴어도 되는 일을 해야 한다."

덴푸는 열여섯 살이 되던 해에 일본 육군 휘하의 방첩부대에 입대했다. 당시 제국주의의 광기에 휩싸여 있던 일본 육군의 훈련 강도는 상상을 초월했다. 그중에서도 최정예 요원만 선발될 수 있었던 육군 방첩부대의 훈련 과정은 매 순간이 인간의 한계를 시험하는 듯한 고난의 연속이었다. 수개월의 훈련을 마친 뒤 112명의 스파이들과 러일전쟁이 한창이던 중국 대륙으로 건너간 덴푸는 전란이 끝날 무렵 겨우 여덟 명의 동료들과 본국에 귀환했다. 그가 대륙에서 어떤 임무를 수행했는지는 기록에 남아 있지 않지만 감히 상상조차 할 수 없을 정도로 가혹한 일이었음은 분명하다.

귀환을 마친 뒤 고향에 내려간 덴푸는 서른 살이 되기도 전에 결핵에 걸려 거의 죽을 지경에 이르렀다. 당시 결핵은 완치가 불가능한 질병이었다. 지금도 완치에 애를 먹지만 특히 수십 년 전에는 '저주'라고 불릴 정도로 환자와 그 가족을 어두운 구렁텅이에 처박는 불치병이었다. 덴푸는 저주 앞에서 굴복하지 않았다. 그는 자신의 병을 직접 고치기 위해 미국에 건너가 어느 의대에 입학해 의학을 공부했다. 하지만 수년의 공부만으로는 병마를 이길 수 없었다. 이번에는 유럽으로 가 세계적인 심리학자와 철학자를 찾아 조언을 구했으나 역시 마땅한 답을 찾아내지 못했다.

그렇게 실의에 빠져 지내다가 모든 것을 포기하고 자포자기의 심정으로 귀국길에 올랐는데, 잠시 체류한 이집트 카이로의 한 호텔에서 인도의 성자 카리압파와 운명적으로 만나게 된다. 그에게서 저주를 풀 실마리를 발견한 걸까? 덴푸는 지푸라기라도 잡고 싶은 심정으로 카리압파를 따라 인도로 가서 수행을 시작한다. 인도에서 깨달음을 얻은 덴푸는 마침내 결핵을 완치하고 일본으로 귀국한다. 그 후 은행장을 지내기도 하고 다양한 사업에서 성공을 거두지만 어느 순간 속세의 삶이 덧없다는 것을 깨닫곤 모든 재산을 정리하고 거리에 나가 사람들에게 설법을 전하게 된다.

그가 평생에 걸쳐 주창한 가르침은 딱 하나다.

'인생은 마음먹기에 따라 끝없이 바꿔나갈 수 있다.'

그는 우주는 모든 사람에게 최고의 인생을 열 수 있게

보장해준다고 주장했다. 지능이 낮든, 환경이 불우하든, 신체적 장애가 있든 마음을 끊임없이 밝게 빛내는 사람이라면 우주는 자신의 에너지를 아낌없이 내준다는 것이다. 그는 이렇게 말했다.

"제대로 말 한마디 못할 정도로 망나니였던 제가 지금은 이렇게 여러분 앞에서 인생을 어떻게 살아야 하는지를 이야기하고 있습니다. 자신이 어떤 과거를 살았든 지금의 마음이 맑고 깨끗하다면 누구나 원하는 인생을 펼칠 수 있습니다."

이 말은 곧 그의 삶 자체이기도 했다. 그의 소문을 듣고 마침내 수많은 사람이 몰려들었고 그의 설법을 정리해 전파하는 '덴푸회天風會'라는 조직도 생겨났다. 덴푸의 가르침은 더 많은 사람에게 퍼져나갔다. 이처럼 파란만장한 인생을 살다 간 덴푸는 여러 신기한 일화를 남겼다. 탄광 노동자들의 쟁의에 중재자로 나선 덴푸가 광부들과 협상을 벌이려고 가까이 다가갈 때였다. 광부들은 다가오는 사람이 있으면 누구든 쏴버리겠다고 엄포를 놓았지만 덴푸는 무시하고 흔들다리를 건너갔다. 광부들이 엽총을 쏘아댔지만 덴푸의 몸은 작은 상처 하나 생기지 않고 무사했다. 가까이 다가간 덴푸가 이번에는 지팡이를 땅에 꽂았더니 그 주변에 있던 닭들이 미동도 안 하고 멈춰 섰다고 한다. 기묘한 현상을 목격한 탄광 노동자들은 결국 덴푸의 설득으로 파업을 중단하고 현업에 복귀했다.

또 이런 일도 있었다. 이탈리아의 유명한 맹수 조련사가 일본을 방문했을 때의 일이다. 당시 덴푸를 돌봐주던 도야마 미쓰루를 찾아간 조련사는 덴푸의 얼굴을 슥 보더니 "이 사람은 맹수 우리에 들어가도 아무 일도 없을 겁니다"라고 말했다고 한다. 덴푸는 그 말을 듣자마자 자신의 담력을 시험해보고 싶었는지, 아직 훈련도 받지 않은 호랑이 세 마리가 들어 있는 우리 안에 들어가 문을 걸어 잠갔다. 그가 우리에 들어가자 호랑이 세 마리는 덴푸를 둘러싸고는 얌전하게 쭈그리고 앉아 있었다고 한다.

덴푸가 신비한 요술을 부린 걸까? 그럴 수도 있고 아닐 수도 있다. 하지만 내가 말하고 싶은 것은 그런 요술의 진위 여부가 아니다. 사실 덴푸는 선행뿐만 아니라 그 누구도 이해하지 못할 수없이 많은 기행을 일삼았다. 게다가 그는 자신이 세운 목표를 달성하기 위해서라면 살인, 방화, 폭력 등 방법을 가리지 않았다. 그가 세상 사람들에게 아무리 위대한 가르침을 전했다 한들, 그의 지나친 광기와 저돌성까지 미화할 순 없다.

다만 나는 우리가 적어도 일을 할 때만큼은 호랑이 우리에 들어간 덴푸처럼 거침없는 담력을 가져야 한다고 생각한다. 세상에 쉬운 일은 없다. 울지 않는 새에게는 먹이가 돌아가지 않는다. **정말 간절하게 해내고 싶은 일이 있다면, 무례하고 난폭하다는 소리를 들을지언정 과감하게 일의 한복판에 뛰어들어야 한다.**

내가 부하 사장들에게 자주 하는 말이 있다.

"리더는 언제나 문제의 한가운데에 서 있어야 한다."

나는 느슨하고 헐거운 마음가짐으로 문제의 뒤로 물러나 좋은 사람인 척하는 리더보다 가끔은 미치광이 소리를 듣더라도 무소처럼 일의 정면으로 달려들어 일을 완벽하게 장악하는 리더를 훨씬 신뢰한다. 우리는 일 앞에서 좀 더 난폭해져도 된다. 아니, 리더라면 반드시 그래야만 한다. 당신의 일을 당신 대신 해결해줄 사람은 어디에도 없기 때문이다. 경영자는 더 이상 물러날 곳이 없는 위치에 선 사람이다. 그러므로 리더에게 쓸데없는 마음의 여유 따위가 있어서는 안 된다.

네 번째 질문

## 도리

"인간으로서 옳은 일을 하고 있는가?"

"나쁜 일은 행하기 쉽고

선한 일은 행하기 어렵다."


惡行危身 愚以爲易

善最安身 愚以爲難


장자莊子

## 옳다고 생각한다면
## 다시 가서 싸우라

아버지는 그 누구보다 성실한 가장이었다. 납기일은 반드시 지켰고 평일이든 주말이든 늘 인쇄소에 나가 정해진 시간만큼 일을 하고 귀가하셨다. 그런 꾸준한 인품 덕분에 많은 사람에게 신뢰와 사랑을 받았다. 그런데 아버지는 신중하다 못해 돌다리를 두드려보고도 건너지 않을 정도로 지나치게 몸을 사리는 성격이었다.

아버지의 근면함에 감격한 어느 지인이 무상으로 자동 제대기(자동으로 봉투를 제조하는 기계 – 역자 주) 도입을 도와주겠다고 나섰는데 수차례 거절하다가 더 이상은 거절하기 어려운 지경이 되어서야 마지못해 도움을 받아들일 정도로 아버지의 조심성은 유별난 구석이 있었다. 게다가 아버지는 돈을 빌려주는 것에는 관대해도 돈을 빌리는 건 아주 질색했다. 폭격으로 본가가 공장과 함께 흔적도 없이 다 타 버렸지만 아버지는 자금을 대출받아 인쇄소를 다시 열자는 어머니의 수차례 권유에도 불구하고 끝까지 융자를 받지 않았다.

아버지와 달리 어머니는 언제나 적극적이고 공격적이었다. 열악한 상황에서도 늘 행운을 찾아낼 줄 아는 지혜로운 어른이셨다. 고된 업무에 의기소침해져 어쩔 줄 몰라 하는 아버지를 격려하고 때로는 용기를 북돋우며 지탱해주었다. 내게 어머니는 쉬지 않고 밝은 빛을 비춰주는 태양과 같은 존재였다. 창업 후 내가 어떤 역경에 부딪혀도 항상 밝고 낙천적으로 버텨낼 수 있었던 것은 분명히 어머니에게 그런 성격을 물려받았기 때문일 것이다. 또한 어머니는 장사에도 재능이 있어 수완이 아주 좋았다. 전쟁 때 폭격으로 집이 불타버린 후에 완전히 의욕을 잃어버린 아버지를 대신해서 어머니는 자신의 옷을 전당포에 맡겨 생활비를 마련하였다.

전쟁이 터지기 직전 한창 인쇄 일이 번성하던 무렵, 아버지가 현금으로만 재산을 모으려고 하자, 어머니는 당시 저렴한 매물로 나와 있던 토지나 집을 사자고 제안했다. 하지만 완고한 아버지는 어머니의 의견을 따르지 않았다. 그리고 몇 년 뒤 전후의 심각한 인플레이션과 화폐 개혁으로 인해 현금 가치는 눈 깜짝할 사이에 급락했고 토지와 부동산 가격은 끝도 없이 치솟았다. 이처럼 어머니는 당시 평범한 어른들보다 분명 멀리 내다볼 줄 아는 혜안과, 그 지혜를 행동으로 옮기는 과감한 실행력을 갖춘 분이었다.

어릴 때 내가 싸움에 지고 울면서 돌아오면 어머니는 언제나 싸움을 하게 된 원인을 먼저 물으셨다. 그리고 이렇게 말씀하셨다.

"네가 옳다고 생각한다면 한 번 더 가서 이길 때까지 싸우고 오거라."

나는 초등학생 때 동네에서 유명한 골목대장이었는데, 한때 같은 반이었던 부유한 집 아이를 괴롭힌 일이 있었다. 담임 선생님이 그 아이를 대하는 태도가 나와 평범한 친구들을 대할 때와는 너무나 달랐기 때문이다. 담임 선생님은 수업 시간에 내가 손을 들고 질문을 하면 제대로 대답조차 해주지 않으면서도 그 부잣집 아이가 질문을 하면 열 일을 제쳐두고 상냥하게 응대해줬다. 나는 그런 불공평한 일은 용납할 수 없었다.

나는 학교에서 돌아오는 길에 숨어서 그 부잣집 아이를 기다렸다가 친구들과 에워싸고 괴롭혀 울렸다. 당연히 다음 날 바로 선생님에게 불려 갔고 심한 꾸지람을 들었다. 그 아이만 편애하는 건 불공평하다고 선생님에게 항변했지만 돌아오는 건 가혹한 주먹질뿐이었다.

"토 달지 마라."

그날 어머니는 학교에 불려 가 심한 폭언을 듣기까지 했다. 어머니에게 상황을 전해 들은 아버지는 일을 마치고 돌아와 저녁 식사 자리에서 내게 이렇게 물으셨다.

"너는 어째서 그런 행동을 한 거냐?"

나는 자초지종을 설명했다.

"선생님이 부잣집 친구를 편애했어요."

그렇게 말하곤 잘못을 빌지 않고 가만히 밥상을 노려봤다. 그랬더니 아버지는 "너는 옳다고 생각한 일을 한 게로구나"라고 한마디 말씀하시고는 아무렇지 않은 표정으로 수저질을 하셨다. 나의 작은 '정의'를 아버지가 아무 말 없이 인정해준 것이 무척이나 기뻤고 그런 아버지가 더없이 든든하게 느껴졌다.

경영을 하다 보면 수많은 갈림길에 서곤 한다. 그리고 어떤 선택은 끝을 알 수 없는 투쟁과 갈등을 야기한다. 나는 지난 수십 년간 크고 작은 기업체의 대표들과 교류했다. 그리고 불편한 상황을 자초하는 것이 두려워서, 누군가와 지긋지긋한 공방을 나누는 것이 두려워서 쉬운 길을 택하는 경영자들을 숱하게 봐왔다. 그들은 그것이 좀 더 수월하고 합리적이라며 계속해서 '싸우는 결정'을 뒤로 미뤘다. 잠깐의 고통이 두려워 그 고통을 영원히 유예하며 외면했다.

그러나 리더는 결단을 미뤄선 안 된다. 그것이 옳은 일이라고 생각하면 더욱 미뤄선 안 된다. 나는 일을 할 때 '옳음'과 '그름'이 아닌 '쉬움'과 '어려움'을 기준으로 삼아 중요한 결정을 내린 적이 단 한 번도 없다. **일을 쉽게 하거나 어렵게 하는 것은 그다음의 문제다. 일단 지금 반드시 해야 하는 일이라고 생각한다면, 그것이 경영자로서 판단하기에 옳은 일이라고 확신한다면 언제든 정면으로 마주해야 한다.**

"네가 옳다고 생각한다면 다시 가서 싸우거라."

나는 힘들고 난처한 상황에 직면해 어려운 결단을 내려야 하는 순간마다 어머니와 아버지가 해주신 말을 떠올리며 마음을 다잡곤 한다.

# 당신이 아니면
# 누가 그 말을 하겠는가

옳은 일은 옳다고 말하고 그른 일은 허용하지 않는다. 나는 사회에 첫발을 내딛고 일을 시작한 뒤 이 원칙을 늘 고수했다. 이해득실이 아니라 당위를 근거로 생각하고 행동하는 것이 쉬운 일은 아니었다. 나뿐만 아니라 계열사 임원들에게도 절대 타협이나 영합을 허용하지 않았고 옳다고 믿는 길을 똑바로 걸어가라고 독려했다. 수많은 사람의 운명을 쥐고 있는 경영자는 오직 정면으로 문제를 돌파하는 방법 외에는 선택할 수 있는 패가 없다.

파인세라믹 기술자로서 사회생활을 시작한 나는 마침

내 독자적인 신재료 개발에 성공했고 그 재료를 사용한 제품을 생산하는 신설 부서의 주임으로 발탁되었다. 아직 20대 중반의 젊은 리더였기 때문에 팀원 중에는 나보다 연장자도 꽤 있었다.

당시 근무하던 회사는 오랫동안 은행의 관리 감독을 받고 있던 적자 회사였던 탓에 직원들에 대한 처우가 좋지 않았고 1년 내내 노동쟁의가 끊이질 않았다. 당연히 직원들의 책임감이나 사기도 형편없이 떨어져 있었으며 잔업 수당을 받으려고 불필요한 야근에 열을 올리는 직원도 많았다. 하지만 그렇게 자신의 잇속을 챙기려 회사의 제도를 악용하다가는 실적을 올리기는커녕 점점 더 악순환에 빠질 게 뻔했다. 그래서 나는 젊은 직원들 중에서 업무에 태만한 자가 있으면 대놓고 심하게 꾸짖기를 서슴지 않았다.

이런 내 모습을 보고 어느 선배가 충고를 했다.

"모두 옳은 소리긴 한데 넌 너무 엄격해. 조금만 손을 놓아도 된통 야단을 맞으니 젊은 친구들이 자네를 어려워하고 싫어하는 거야. 그들의 입장도 조금 이해해주면서 일해야 하지 않겠어?"

일리가 있는 조언이었기에 나는 며칠 고민을 했지만 아무리 곰곰이 생각해도 자신에게 주어진 일을 무책임하게 방관하는 태도를 용납할 수는 없었다.

'내 말이 후배들의 반감을 살지도 모르지만 결코 틀리지 않아. 역시 옳은 일은 옳다고 주장해야 해.'

비록 당장은 역풍을 맞을지라도 멀리 보면 매사 정의를 추구하는 것이 모두에게 이득이 될 것이라고 나는 확신했다. 어떤 때는 마치 깎아지른 절벽을 혼자서 수직 등반하는 기분이 들기도 했다. 절벽이 아무리 높아도 내가 확신하는 길인 이상 혼신의 힘을 다해 똑바로 올라갔다. 오로지 정상만 바라보며 정도를 걷는 내 모습을 지켜본 동료들은 고개를 절레절레 저으며 나를 멀리했다. 그러다 어느덧 옆을 돌아보니 나 혼자서 암벽에 달라붙어 있었다. 종종 무섭도록 외롭고 비참했지만 나는 그래도 정면으로 돌파해 문제를 해결할 줄밖에 몰랐다.

내가 그런 성격이다 보니 노조 사람들과는 언제나 부딪칠 수밖에 없었다. 당시 나는 회사의 월급을 받는 피고용자에 불과했지만, 그럼에도 노동자의 권리를 지키려면 우선 열심히 일해서 회사를 발전시키는 것이 먼저라고 굳게 믿고 있었다. 따라서 시도 때도 없이 파업만 일삼는 노조 간부들에게 나는 눈엣가시와도 같은 존재였을 것이다.

그리고 결국 사건이 터졌다. 제대로 일도 안 하면서 늘 불평불만을 입에 달고 사는 직원이 우리 부서에도 한 명 있었다. 아무리 주의를 줘도 듣는 시늉조차 하지 않기에 참다못해 그를 불러 이렇게 말했다.

"그만큼 말해도 알아듣지 못한다면 당신은 더 이상 이 회사에 필요 없습니다. 당장 그만두십시오."

이 발언이 회사에 퍼지자 노조 간부들은 길길이 날뛰며 내게 몰려와 해명을 요구했다. 그 직원은 "저런 애송이 따위에게 나를 해고할 권한은 없어"라고 빈정거리며 내 말을 들은 척도 하지 않았다. 조합원들은 몹시 흥분해서는 점심시간에 나를 회사 광장으로 데리고 나가 포장용 상자 위에 세우고는 삿대질을 하며 욕하기 시작했다.

"이자는 회사의 첩자다. 우리를 실컷 부려먹으면서 회사의 비위만 맞추고 있다. 이런 놈이 있으니까 약자인 노동자들이 착취를 당하고 고생하는 거다. 이런 인간이야말로 처단해야 한다!"

말도 안 되는 트집에 결국 나는 더 이상 참지 못하고 단

호하게 말했다.

"알겠습니다. 제가 업무 시간에도 일하지 않는 무책임한 직원보다 쓸모가 없다면 당장 회사를 그만두겠습니다."

회사 간부가 중재를 했지만 사건은 그것으로 끝난 게 아니었다. 그날 밤, 목욕탕에 갔다가 기숙사로 돌아오는 길에 조합원 몇 명이 숨어서 기다리고 있다가 내게 뭇매질을 하려고 덮쳤던 것이다. 세면도구를 끌어안고 기숙사로 도망쳤지만 나를 뒤쫓아 기숙사 안까지 몰려든 그들과 한바탕 몸싸움이 일어났고, 그 와중에 나는 현관 유리문에 이마를 세게 부딪혀 미간 부위가 찢어졌다. 깊이 벌어진 상처에서 피가 줄줄 흘러내려 내 얼굴은 금세 피범벅이 되었지만 나는 너무나 분해 피를 닦을 생각도 하지 않고 그들을 가만히 노려보기만 했다.

무력 앞에서도 기죽지 않는 나의 노기에 움찔한 것인지, 그제야 조합원들은 몽둥이를 집어 들고 자신들의 숙소로 물러갔다. 아마 그들은 '이만큼 혼쭐을 냈으니 이나모리는 더 이상 회사에 나오지 못할 거야' 하고 생각했을 것이다. 하지만 나는 그럴 생각이 전혀 없었다. 다음 날 내가 머리에 붕대를 감고 나타나자 그들은 소스라치게 놀랐다. 지금도 그때의 모습이 생생히 떠오른다. 이렇게 유혈 사건이 벌어지자 나를 건드리는 사람은 단 한 명도 나타나지 않았다.

옳은 일을 관철하고자 할 때 응원해주는 사람보다 비웃거나 중상모략하면서 발목을 잡는 사람이 훨씬 많다. 이것은 부인할 수 없는 진실이다. 그래도 옳은 일은 소신껏 그대로 밀고 나가야 한다. **어쩌면 우리는 올바른 삶을 살아가기에 오히려 더 자주 역경을 만나는 것인지도 모른다.** 사이고 다카모리의 어록집 『난슈옹유훈南洲翁遺訓』에는 이런 글이 실려 있다.

길을 가는 사람은 아무래도 곤경과 재난을 만나기 마련이다. 그것이 두려워 집 밖으로 나오지 않을 것인가? 어떠한 힘든 상황에 처하더라도 그것이 성공할지 실패할지, 또는 자신이 죽을지 살지 따위에 연연해서는 그 무엇도 시도할 수 없다. 사람은 아직 도래하지 않은 두려움에 얽매여서는 안 된다.

근거 없는 비난과 모략에 시달리고 있는가? 본래 다다

라야 할 정도正道를 묵묵히 걸어가고 있기에 고난과 역경이 찾아온 것이다. 그것은 하늘이 당신의 마음을 더욱 단단하게 제련하기 위해 내려준 기회라고 생각해도 좋다. 그런 기회를 통해 우리의 혼은 맑아지고 인생은 풍성해진다. 그러니 더 이상 두려워하지 마라. 당신이 아니면 누가 그 말을 하겠는가?

# 리더는 팔다리가 뜯겨나가도
# 옳은 일을 해야 한다

첫 회사에서 파국적인 상황을 겪은 뒤 나는 일곱 명의 동료와 함께 새 회사를 설립했다. 바로 교세라다. 당시의 경위를 아버지에게 상세히 편지로 써서 보냈다. 실은 그 편지를 나도 잊고 있었는데 부모님이 돌아가신 뒤 유품으로 받고 나서야 그런 사실이 있었음을 떠올렸다. 편지에는 당시 다니던 회사 경영 사정이 점점 나빠져 대규모 정리해고 바람이 일었다는 것, 내가 속한 부서 외에는 흑자를 내는 조직이 없다는 것, 사장과 임원진 중 그 누구도 회사를 부흥하기 위해 노력하지 않고 있다는 것 등이 자세히 적혀 있었다.

당시 나는 입사한 지 4년째에 과장이 되었고 내가 이끄는 부서는 해마다 성장을 거듭해 그나마 회사의 적자를 감당해주고 있었다. 하지만 행운에는 늘 시기와 질투가 따르는 법이다. 이러한 상황을 마뜩잖아 하던 무리가 협잡질을 벌이기 시작했다. 우리 부서에서 진행하는 연구를 자신들이 인수하겠다고 나섰던 것이다. 나는 너무나 어처구니가 없어 회사에 강력히 반발했지만 결국 사표를 던질 수밖에 없었다.

그때의 편지를 다시 읽으면서 퇴사 직전의 절박했던 내 모습이 떠올랐다.


그들은 회사에서 지금까지 멀쩡히 수행하던 사업마저 실패하더니, 이제는 제가 하는 일까지 가로채려고 합니다. 천신만고 끝에 시제품을 만들어 이제 본격적인 사업을 추진하려던 참인데, 그동안 뒷짐만 지고 있다가 이제 와서 제가 목숨처럼 여기는 연구를 앗아 가려 하니 너무나 원통합니다. 이게 대체 말이 되는 일입니까. (중략) 지금까지 저희 팀이 해오던 프로젝트를 가로채 거액의 연구 조성자금을 감쪽같이 훔쳐 가는 도적 같은 무리에게 당하기만 해야 한다면 무엇 때문에 제가 오늘까지 이렇게 전력을 다해 애써온 것일까요?

편지는 이렇게 이어졌다.

결연히 반대를 했는데도 제 의견은 조금도 관철되지 않았으니 저는 지금까지 해온 일을 모두 내려놓고자 합니다. 그리고 저와 함께 일했던 직원들이 점점 나쁜 상황으로 몰리는 것을 더 이상 두고만 볼 수가 없습니다. 이에 저는 회사 측에 저의 의견을 정식으로 표명하고 사표를 제출하였습니다.

내가 사표를 내자 사장을 비롯한 간부들이 "자네가 그만두면 회사가 무너질 텐데 생각을 다시 해주게나"라고 말하며 급여 인상을 제안했다. 나는 실소를 금치 못했다. 급여를 올려 받는 조건으로 사표를 철회한다면 그것은 나의 신념을 저버리는 일이라고 단호히 말하고선 그들의 제안을 거절했다.

그 밖에도 편지에는 새 회사를 설립하고자 동분서주하던 당시의 급박했던 상황이 그대로 묻어나 있었다. 또한 당시 회사에서 같은 과에 근무하던 지금의 아내와 결혼을 서두르겠다는 내용도 적혀 있었다. 편지는 이런 말로 마무리되었다.

가즈오가 하는 일입니다. 반드시 해내겠습니다. 염려 마시고 안심하십시오. 늦어도 2~3년 후에는 어엿하게 성공할 겁니다. 그때까지 더 참고 더 노력하겠습니다.

옳다고 생각한 일을 미련하리만치 밀고 나가는 것이 젊을 때부터의 내 본성이었다. 나는 옳은 일을 끝까지 관철해내겠다는 자부심을 품었기 때문에 내가 벌인 사업은 반드시 성공할 수밖에 없다고 확신했다. 나의 신념은 흔들림 없는 바위만큼 굳건했다. 내가 믿는 길을 꿋꿋이 걸어가는 일밖에는 할 수 있는 것이 없었다. 그렇게 교세라가 시작됐다.

'인간으로서 옳은 일을 한다.'

내가 가장 먼저 정한 경영의 원칙은 이것이었다.

"이제부터는 '인간으로서 무엇이 옳은가' 이 한 가지에 초점을 맞춰 회사를 경영하고자 합니다. 너무 유치하고 소박하다고 생각할지도 모르겠습니다. 하지만 모든 일의 근본은 원래 단순하고 명쾌한 거라고 생각합니다. 그러니 앞으로는 옳은 일을 옳은 방식으로 일관해나갈 것입니다. 부디 모두 믿고 따라와주시기 바랍니다. 고맙습니다.”

그렇다면 대체 인간으로서 마땅히 해야 할 옳은 일이란 무엇일까?

정직하라.

거짓말을 하지 마라.

배려하라.

겸손하라.

남의 것을 빼앗지 마라.

우리는 어릴 때 부모와 교사에게 이렇듯 단순한 진리를 수도 없이 배운다. 당시 회사 경영을 처음 해본 내가 아는 지식은 이렇게 너무나 당연한 윤리적 가르침밖에는 없었다. 내게는 그것들 말고는 달리 의지할 기반이 없었다. 내 딴에는 판단 기준의 근간을 인간의 도덕률에 두면 적어도 회사를 잘못된 방향으로 이끌지는 않을 것이라는 생각도 있었다. 나는 직원들에게 이렇게 당부했다.

"제가 여러분에게 부탁드리고 싶은 것은 단순합니다. 제가 강조하는 이 판단 기준들이 결코 '회사' 혹은 '자신'에게 적용되어서는 안 된다는 것입니다. **오직 '인간'으로서 옳고 그른지를 판단하여 그대로 행해주시기 바랍니다.** 여기에는 예외가 없습니다. 만약 경영자인 제가 인간으로서 옳지 않은 언행을 할 경우에는 솔직하게 지적하고 거침없이 비판해주십시오. 하지만 제가 말하고 행동하는 것이 인간으로서 옳다고 생각한다면 끝까지 따라오길 바랍니다."

나는 지금까지도 이 신념을 지키고 실천하는 데 애쓰고 있다. 어머니는 항상 우리 형제에게 이렇게 말씀하셨다.

"언제 어느 때라도 신과 부처님은 우리의 행동을 지켜보고 계신단다. 그러니 혼자 있더라도, 아무도 보는 사람이 없더라도 신과 부처님이 보고 계신다고 생각하면서 떳떳하고 올바르게 행동하렴. 너도 모르게 나쁜 일을 저지를 것 같으면, 마음속으로 '신이 보고 계신다, 보고 계신다' 하고 읊어라. 마음이 바라지 않는 일은 결코 일어나지 않을 테니까."

어머니의 말씀대로 나는 경영을 할 때도, 일상을 영위

할 때도 인간으로서 옳은 일을 관철하며 하늘에 부끄럽지 않게 일하겠다는 다짐을 우직할 정도로 지켜왔다. **마음이 밝게 빛나면 깜깜한 밤에도 맑은 하늘이 보인다.** 지금까지 잘 못된 판단을 하지 않고 무사히 어른이 될 수 있었던 것은 이러한 순수한 믿음 덕분인지도 모른다.

공감 ●

## 나는 철학이 없는 사람과는
## 함께 일하지 않는다

회사든 집단이든 조직이든 하나의 높은 목표를 세운 뒤 전 구성원이 그 목표를 실현하기로 결심했다면 같은 뜻을 공유하는 일은 무척 중요하다. 같은 곳을 바라보도록 마음을 하나로 모으는 일 말이다. 회사가 아직 작은 규모였을 때부터 나는 하루의 업무가 끝나면 그날 깨달은 것들에 대해 열변을 토하며 직원들과 의견을 나누었다.

회사의 사명, 사업에 대한 염원, 일에 대한 열의, 일의 가치, 인생의 궁극적 목표 등등 주제와 내용은 다양했다. 그 자리에 있는 임원들이 모두 '정말로 이해했다'고 납득하는 표정을 지을 때까지 한 시간이든 두 시간이든 이야기를 이어나갔다.

이런 내 모습을 보고 혹자는 '그런 이야기에 시간을 허비하지 말고 조금이라도 돈을 더 벌 수 있는 일에 시간을 투자하라'고 조언했다. 하지만 나는 당장의 수익보다는 우선 전 직원의 마음을 하나로 동기화하는 데 중점을 뒀다. 교세라 창업 초기, 직원 수는 30명이 채 되지 않았고 자본금도 대단한 수준이 아니었다. 실적이나 신용도 없는, 마치 훅 불면 날아갈 것만 같은 극빈한 영세기업이었다. 게다가 경영자라고 앉아 있는 대표조차 기술자 출신이라서, 경영에 관한 전문 지식이나 성공 경험도 전혀 없었다.

나는 언제나 나비의 날갯짓에도 흔들릴 만큼 위태로웠고, 버거운 중책에 짓눌려 으스러질 것만 같았다. 그래서였을까? 나는 그 불안을 잠재우기 위해 늘 시공이 바뀌어도 변하지 않는 '확실한 것'을 추구했다. 그러한 고뇌의 결론은 바로 '사람의 마음'이었다. **돈도, 명예도, 권력도, 인기도 언젠가는 허물어진다. 하지만 사람의 마음이란 거기에 사람이 있는 한 사라지지 않는다.** 그래서 나는 사람의 마음을 기본 토대에 두고 경영을 해나가자는 소신을 세웠다.

사람의 마음은 바뀌기 쉬운 것도 사실이지만, 반면에 한번 강하게 결속이 되면 그 무엇으로도 대체하기 어려울 정도로 막강한 힘을 발휘한다. 직원들끼리 서로를 신뢰하고 이해하면서 마음을 하나로 합쳐 일하는 조직, 회사 전체가 한 가족처럼 감정을 공유하는 조직, 한 명의 리더가 이끄는 것이 아니라 모든 구성원이 경영에 참여한다는 열의를 지닌 조직을 만들어나가야겠다고 다짐했다. 사실 이런 다짐 말고 내가 구사할 수 있는 경영 기술이나 비법 같은 것도 없었다.

조직의 마음을 통일한다는 내 취지에 공감해주는 직원도 많았지만, '그것은 사상의 통제이므로 받아들일 수 없다'며 팽팽하게 맞서는 직원도 적지 않았다. 그 주장도 일리가 있었지만 회사라는 거대한 조직 안에서 개인이 제멋대로 생각하고 독자적인 가치관으로 일하게 된다면 집단이 추구하는 목표를 달성할 수 없다고 생각했다. 나는 반대 세력을 설득하기 위해 그들의 마음에 내 마음이 물처럼 스며들 때까지 반복해서 나의 비전을 들려줬다. 금세 싸움이라도 벌어질 듯이 직원들과 격론을 벌인 적도 있

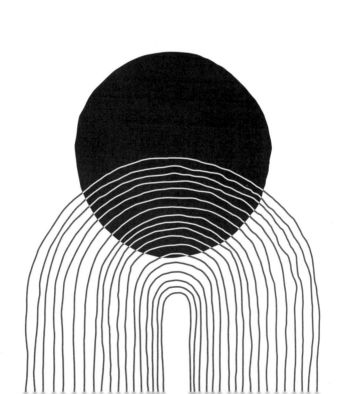

다. 한 가지 확실하게 말할 수 있는 것은 그 어떤 경우에
도 술수를 쓰거나 얼렁뚱땅 넘어가려고 하지 않았다는 점
이다. 늘 반대 의견을 정면으로 마주하면서 끝까지 포기
하지 않고 수없이 설득을 시도했다. 그래도 도저히 마음
이 모이지 않으면 그 직원에게 사표를 쓰라고 했다. 무자
비한 폭군처럼 보일 수도 있었지만 그런 건 아무래도 상
관이 없었다. 나는 결코 안이한 타협안으로 시간을 낭비
하지 않았다. 생각을 동기화하고 마음을 하나로 연결하는
일이 그만큼 중요했기 때문이다.

파산한 일본항공 재건에 뛰어들었을 때도 마찬가지였
다. 가장 먼저 내가 한 일은 모든 직원의 '마음'을 바꾸고
같은 목표를 지향하도록 마음을 모으는 일이었다. 일본항
공의 경영 파산이 발표되고 내가 회장에 취임했을 때는
이미 기업재건지원기구가 재건 계획을 다 세워놓은 상태
였다. 다시 말해 '무엇을 어떻게 하면 회생할 수 있을까?'
하는 청사진이 이미 준비되어 있었던 것이다. 하지만 문
제는 그 계획을 실행할 사람이 없다는 사실이었다. 정확
히 말하자면 기업을 회생시키겠다고 '마음을 먹은 사람'
이 단 한 명도 없었다. 그들은 언젠가는 회사가 파산할 것

이라고 말하고 다녔고, 결코 도산의 늪에서 벗어날 수 없으리라고 믿어 의심치 않았다. 그들의 마음은 서서히 파산이라는 최악의 상황을 끌어당기고 있었다. 나는 그 썩어빠진 마음가짐을 개조하는 데 모든 에너지와 시간을 쏟기로 했다. 패배주의와 노예근성으로 얼룩진 마음을 바꾸지 않으면 아무리 파격적인 대책을 강구한들 늪에서 빠져나올 수 없을 것이라고 믿었다.

일본항공의 재건 기한은 3년으로 정해져 있었다. 나 자신도 반드시 3년 안에 일본항공을 일으켜 세우겠다는 목표를 갖고 있었다. 가장 시급한 일은 현장에서 재건을 이끌 차세대 리더를 육성하는 것이었다. 나는 교세라 시절부터 함께 일한 임원들과 경영진을 구성한 뒤 일본항공 간부들을 모아놓고 한 달간 '집중 리더 교육'을 시행할 계획을 세웠다.

당연히 내부에서는 여러 반발이 빗발쳤다. 파산이라는 회사의 존망 위기를 앞두고 간부 전원이 매주 느긋하게 교육을 받는다는 사실 자체에 강한 저항감을 드러냈다. 아마 그들로서는 상당히 자존심이 상했을 것이다. 미안하지만 어쩔 수 없었다. 내가 직원들에게 꼭 알려주고 싶었던 것은 조직의 운영 방법도, 거래처를 더 많이 확보하는 테크닉도 아니었다. 내가 가장 먼저 실행한 것은 구성원들에게 이른바 '필로소피'를 전하는 일이었다. '열심히 일에만 몰두한다', '감사하는 마음을 잊지 않는다', '항상 겸허하고 솔직한 마음을 지닌다' 등 어릴 때 부모에게 듣고, 학교에서 선생님에게 배운 너무나 상식적인 교훈을 토대로 한 가치관 말이다.

처음에 이런 이야기를 들은 간부들은 당혹스러운 표정을 감추지 못했다. 초등학생이나 배우는 기본적인 내용의 교육을 왜 들어야 하는지 거세게 반발했다. 그런 사람들에게 나는 힘주어 말했다.

"여러분이 유치하다고 생각하고 당연하다고 여기는 이 가르침들을 여러분은 이미 머리로는 잘 알고 있을지 몰라도, 몸으로는 전혀 받아들이지 않을뿐더러 실천하지도 못하고 있습니다. 그 점이 바로 회사를 파산으로 몰고 간 원흉입니다."

전쟁과도 같았던 한 달이 지나자 이윽고 모두 진지한 태도로 나의 이야기에 귀를 기울였다. 이렇게 시작한 '리더 교육'은 마침내 간부뿐만 아니라 일반 직원에게까지 확대 시행되었다. 팀별 '필로소피 공부 모임'이 생겨났으며, 사내에 독자적인 '잘JAL 필로소피'까지 만들어졌다. 필로소피가 직원들의 마음에 침투하면서 회사의 실적도 경이로운 성장세를 보였고 마침내 예상을 훨씬 웃도는 성과를 올리게 되었다.

## 마음에 닿지 않으면
## 아무것도 바뀌지 않는다

내가 비상 경영 책임자로 뛰어들기 전, 일본항공을 경영하던 중추는 모두 일류 대학을 나온 소위 엘리트 계층이었다. 현장에서 땀을 흘린 적이 없는 사람들이 머리로만 계획을 짜고 상의하달 방식으로 회사를 움직여왔던 것이다. 경영이란 현장을 모르면 제대로 할 수 없는 일이다. 이러한 잘못된 구조를 바꾸는 것이 우선이었다.

현장에서 고객을 대면하며 경험을 쌓아온 사람들이 경영에 참여하도록 조직을 대대적으로 개편했다. 조직 개편만 했을 뿐인데 현장의 분위기가 눈에 띄게 활기차졌다.

자신의 진가를 알아뵈주자 직원들은 점차 의욕을 높여갔고 '내가 아니면 안 된다'는 책임감으로 일하기 시작했다. 각자 자기 자리에서 자신이 할 수 있는 일을 자신의 의지로 최선을 다해 수행하게 된 것이다. 자신이 경영의 한 부분을 담당하고 있다는 의식이 그들의 일하는 자세를 극적으로 바꾸었다.

나는 조직의 수뇌부를 설득하는 와중에도 틈틈이 현장을 찾아가 그곳에서 일하는 말단 직원들과 직접 대화를 나누는 기회를 만들었다. 일을 대하는 태도부터 고객을 대하는 자세에 이르기까지 반드시 '이타'의 마음이 깃들도록 정성을 다해주기를 당부했다. 특히 비행기에 탑승해서 고객을 직접 마주하는 승무원과 그들이 탄 비행기를 움직이는 조종사의 마음가짐이야말로 회사의 미래를 좌우하는 가장 중요한 자원이라는 점을 역설했다. 직원들의 마음이 고객의 마음에 닿을 수 있다면 그 따스함을 느낀 고객은 반드시 다음에 또 일본항공을 이용하고 싶을 것이라고 확신했다. 나는 늘 이렇게 말했다.

"고객의 마음에 닿지 않으면 그 어떤 일을 해도 아무 소용이 없습니다."

고객의 마음에 다가간다면 그들은 다시 우리를 찾을 것이고, 매뉴얼에 맞춰 그저 적당히 대응한다면 그들은 점점 멀어질 것이다.

"고객에게 '그 비행기에 또 타고 싶다'는 마음이 들게 해야 합니다. 그런 항공사로 다시 태어나려면 가장 중요한 것은 역시 여러분의 '마음'이에요. 형식만 그럴싸한 접객이 아니라 인간에 대한 존중과 배려를 담아야 합니다. 그렇게 하지 않고서는 회사의 재건은 어림도 없습니다."

기장과 승무원이 실시하는 기내방송도 정해진 내용만을 규정에 따라 말하기보다는, 승객의 사정과 상황을 고려해 때로는 자신의 마음을 자신의 언어로 자유롭게 표현해보면 좋겠다고 조언했다. 감동은 예상치 못한 응대와 환대에서 비롯되기 때문이다. 늘 듣던 방송, 늘 접하던 인사, 늘 받던 서비스에서 가슴 벅찬 감동이 느껴질 리 만무하다. **마음은 표현하지 않으면 드러나지 않는다.** 나는 눈에 보이지 않는 우리의 마음을 솔직하고 정직하게 말로 표현해보자고 끊임없이 독려했다. 좋은 마음은 반드시 좋은 결과를 초래하기 마련이며, 그런 마음으로 일하는 것은 각자의 인생이라는 밭에 행복의 씨앗을 뿌리는 일이라고도 말했다.

나의 이야기가 얼마나 주효했는지는 모른다. 당장의 매출과 수익에 어떤 영향을 끼쳤는지도 모른다. 하지만 확실한 것은 직원들의 마음이 몰라보게 달라졌다는 사실이다. 이런 변화는 2011년 동일본대지진 때 여실히 드러났다.

물에 잠겨 육지와의 통로가 끊긴 어느 공항의 직원들은 공항 건물로 피난을 온 지역 주민들에게 식료품과 담요를 제공했다. 어떤 승무원은 기내에 장시간 갇혀 있던 승객에게 갓 지은 밥으로 주먹밥을 만들어 나눠 줬다. 수몰 피해 복구를 위해 이동 중인 적십자사 구조대원들에게 마음이 담긴 격려 방송을 내보낸 기장도 있었고, 구조대원들이 맡긴 짐에 위로와 응원의 메모를 슬쩍 넣어둔 승무원도 있었다.

이런 일도 있었다. 어느 노부인이 지진 소식을 듣곤 재난 지역에 머무르는 자신의 가족에게 가려고 했지만 모든 비행기가 결항되어 꼼짝없이 공항에 발이 묶이게 되었다. 이에 직원들이 교통편을 수소문해 그분이 공항까지 무사히 도착할 수 있도록 배웅해드렸다고 한다.

직원들의 이런 작은 행동들이 항공사의 매출 증진과 수

익성 향상에 얼마나 큰 기여를 했을까? 그건 알 수 없다. 어쩌면 전혀 도움이 되지 않았을 수도 있다. 하지만 핵심은 그것이 아니다. 앞의 사례들은 모두 매뉴얼에 있던 내용도 아니었고 누가 지시한 일도 아니었다. 시시각각 상황이 바뀌는 전쟁터 같은 현장에서 각자 '지금 내가 고객을 위해 무엇을 할 수 있을까?'를 생각하고 자발적으로 행동한 결과들이었다.

그렇다면 그들의 행동을 이끈 것은 무엇이었을까? 물론 마음이다. 아무리 동기가 강력하고 목표가 명확해도 인간은 '마음'을 먹지 않으면 아무것도 못한다. 일본항공의 재건을 단순히 부채를 갚고 오랜 적자 구조에서 벗어나게 한 성공적인 흑자 전환 프로젝트라고 보는 시각이 있지만 나는 그것이 전부가 아니라고 생각한다. 일본항공의 재건은 리더의 마음이 직원들의 마음에 닿고, 그렇게 변화된 직원들의 마음이 기업의 서비스를 이용하는 고객들의 마음에 가닿은 '마음의 개혁'이었다. 마음이 바뀌지 않으면 아무것도 바뀌지 않는다. 나는 지금도 그렇게 믿고 있다.

다섯 번째 질문

# 근본

"이 모든 것을 어떤 토대 위에 쌓을 것인가?"

"모든 것은 오로지

마음이 지어내는 것이다."


一切唯心造


『화엄경華嚴經』

## 절대 무너지지
## 않는 방법

세상에 태어나 목숨을 다할 때까지 걸어가는 인생의 길은 누구에게나 파란만장한 드라마다. 영광과 기쁨이 가득 찬 더없이 행복한 날이 있는가 하면 고통과 불운으로 얼룩져 안간힘을 쓰며 견디는 날도 있을 것이다. 그런 인생을 우리는 어떻게 살아내야 할까. 이 세상이라는 거친 바다를 어떻게 헤쳐나가야 할까.

답은 실로 단순하다. **인생에서 일어나는 모든 일이 자신의 마음이 불러들여 만들어낸 결과라는 것을 인정하는 것이다.** 우리를 둘러싼 환경과 상황이 중요한 게 아니다. 핵심은 그것을 불러낸 우리의 마음이다. 눈앞에 일어난 현실에 대해 어떠한 생각을 품고 어떠한 마음으로 대처하느냐에 따라 인생은 크게 달라진다.

2021년 4월 기준으로 시가총액 3조 2000억 엔(약 33조 원)을 넘긴 글로벌 기업 파나소닉의 창업자 마쓰시타 고노스케는 어릴 때 아버지가 쌀의 선물거래에 실패해 파산하자 초등학교를 중퇴하고 아버지의 가게를 인수한 새로운 사장 밑에서 수습 점원으로 일을 시작했다. 그는 비정한 운명에 굴하지 않고 그저 사장에게 칭찬을 받고 싶다는 일념으로 열심히 일했다. 가게에는 마쓰시타처럼 먹고살기 위해 어쩔 수 없이 일을 해야만 했던 아이가 적지 않았을 것이다. 그중에는 자신이 처한 상황을 원망하며 세상을 비딱한 눈으로 보거나 남을 시기하는 아이도 분명 있었을 것이다.

현재의 상황이 힘들면 힘들수록 사람은 푸념을 흘리거나 불평과 불만을 쏟아내기 쉽다. 어려운 환경에서 현실을 받아들이고 수많은 불행 속에서 소박한 행복을 찾아 감사한 마음을 다지는 일은 쉬운 일이 아니다. 그래서 대다수의 사람은 결국 쉬운 길을 택한다. 상사를 욕하고 동료를 비웃고 회사를 탓하는 것이다. 하지만 그런 언행은 돌고 돌아서 결국 자신에게 되돌아오고 심지어는 상황을 더 안 좋게 만들기도 한다.

나 역시 어린 시절부터 사회에 나올 때까지는 수많은 불운과 좌절을 겪었다. 하늘을 저주하고 땅에다 욕설을 퍼붓고 싶은 심정이었다. 그런데 그렇게 불평을 해대며 현실을 비관할 때는 어느 것 하나 잘 풀리는 일이 없었다. **하지만 운명을 순순히 받아들이고 마음을 단단히 고쳐먹고서 일에 몰두하기 시작하자 인생의 흐름은 어느새 역풍에서 순풍으로 바뀌었다.**

불행의 빛깔로 얼룩졌던 어린 시절이 지금 생각해보면 실은 하늘이 준 멋진 인생의 전주곡이 아니었나 싶다. 만약 내가 좌절도, 고통도 전혀 알지 못하고 순풍에 돛 단 듯 편안한 인생을 살아왔다면 마음을 단련하려는 노력도 하지 않았을 테고, 더군다나 타인의 심정을 헤아리거나 보살필 줄도 모르는 인간으로 자랐을 것이다. 그랬다면 교세라도 없었을 것이고, 지금의 나도 없었을 것이다. 어떤 어려움이 닥치더라도 자신의 운명과 환경을 순순히 받아들이고 인내하면서 긍정적인 자세로 꾸준히 노력을 지속하는 사람은 언젠가는 반드시 인생의 화답을 받는다. 그럴 수밖에 없다.

이때 중요한 것은 어떤 일이든 '감사하는 마음'으로 대하는 것이다. 재난을 당하거나 곤란한 상황에 빠졌을 때, 또는 바란 대로 결과가 나오지 않아 낙담했을 때 감사하는 마음을 갖기란 말처럼 쉽지 않다. 어지간히 정신 수양이 되어 있지 않았다면 '왜 나한테만 이런 일이 생기는 걸까?' 하는 불만이 싹터 하소연을 쏟아내고 싶은 마음만 가득 찰 것이다. 어느새 마음은 원통하고 괴로운 심정으로 꽉 차 터질 듯 부풀어오를 것이다. 그렇다면 반대로 좋은 일만 일어나고, 뭐든지 자신의 생각대로 척척 일이 진행되면 감사하는 마음이 저절로 솟아날까? 그렇지 않다. 좋은 일이 있으면 있는 대로 그것을 당연하다고 여기고 순식간에 탐욕과 불안이 스멀스멀 피어오른다. 그것이 인간의 본성이다. 즉, 나쁜 일이 있든 좋은 일이 있든 감사하는 마음을 갖기란 어려운 법이다.

조직의 경영도 마찬가지다. 안 좋은 상황에 직면했을 때야말로 실은 감사할 수 있는 절호의 기회다. 그러한 가혹한 환경과 힘든 상황이 조직력을 다지고 직원들의 성공에 대한 의지를 되새겨주기 때문이다. 그러니 한탄하고 원망하며 넋두리를 내뱉는 대신에 오히려 '고맙습니다!' 하고 말해보자. 직원들도 덩달아 모든 상황을 긍정적으로 받아들여 감사한 마음과 산뜻한 기분으로 앞을 향해 걸어 나갈 것이다. 경영자라면 감사하는 마음의 중요성을 잊어 선 안 된다.

'언제 어느 때라도 감사하게 여기자.'

이 문장을 머릿속에 꾹꾹 눌러 담아둬야 한다. 어떤 일을 겪어도 여유로운 미소를 지으며 "고맙습니다!"라고 말할 수 있는 '항복의 마음'을 준비하라.

종교에 귀의해 수행을 거듭한 사람이나 참선과 묵상을 통해 정신적 수양을 계속해온 사람이라면 그 어떤 일이 일어나더라도 감사하는 마음을 유지할 수 있는 자세가 자연히 몸에 배어 있을지 모른다. 하지만 우리같이 평범한 사람들은 좀 더 의식적인 노력이 필요하다. 감사하는 마음을 계속해서 일깨워야 한다. 이는 실로 단순한 인생의 진리지만 아무도 가르쳐주지 않는다. 학교에서도 가르치지 않을뿐더러 부모가 아이에게 일러주는 일도 없다. 세상은 오히려 그 반대로 알려준다.

'불만이 있다면 드러내라.'

'현재에 만족하지 말고 더 많은 것을 원하라.'

거대 기업을 이끌고 있는 경영자들조차도 감사의 마음을 머리로는 알고 있지만 실제로 그렇게 사는 리더는 매우 드물다. 아무리 수준 높은 지식을 갖추고 탁월한 재능을 타고났다고 해도 이 단순한 이치를 모르기 때문에 인생을 헛되이 하는 사람이 얼마나 많은가. 감사할 줄 모르는 과욕이 결국 화를 불러 애써 쌓아놓은 인생의 위업을 한순간에 물거품으로 만든 이야기를 우리는 심심찮게 듣는다. 인생을 잘 사는 방법은 생각보다 단순하다. 하지만 거의 모든 사람이 그 단순한 방법을 몰라 늘 허둥대며 고통 속에 스스로 잠긴다.

# 재난은 기꺼이 받아들이고
# 행운은 신중히 받아들인다

마음속에 그린 일이 현실이 된다. 불교에서는 이를 "사념 思念이 업을 만들고 그 업이 현실을 만든다"라는 말로 표현한다. 마음으로 생각한 일(사념)이 업, 즉 '원인'이 되고 그것이 현실이라는 '결과'를 빚어낸다. 이 세상은 수많은 원인과 결과가 엮어내는 복잡하고 오묘한 법칙으로 작동되고 있다.

그런데 이 업을 만드는 것은 비단 사념뿐만이 아니다. 인간의 행동 또한 업을 만들고 그것은 반드시 현상으로 나타난다. 지금까지 알게 모르게 입으로 내보낸 말, 또는 우연히 한 행동이 업으로 차곡차곡 쌓이고, 그것이 어느 순간 재난이 되어 돌아오는 것이다. 우리는 재난을 만나면 당황해서 갈팡질팡 어쩔 줄 몰라 한다. 그래서 가능하면 재난을 만나고 싶어 하지 않는다. 하지만 아무리 좋은 것을 생각하고 바른 행동을 한다고 해도 과거에 이미 만들어놓은 업은 현실에 나타날 때까지는 사라지지 않는다. 그리고 재난이 닥쳐왔을 때 어떤 마음으로 마주하는지에 따라 재앙과 고난이 더 커질 수도 있고 작아질 수도 있다. 따라서 삶의 크고 작은 액난을 어떻게든 통제할 수 있을 것이라는 생각 자체를 버려야 한다. 그리고 재난을 대처하는 가장 지혜로운 자세는 그것을 '기꺼이' 받아들이는 것이다.

만약 당신이 다쳐서 찰과상을 입었다면 이렇게 생각하는 것이다. '아, 이 정도 상처로 끝나서 정말 다행이야. 몸을 움직이지 못할 만큼 큰 사고는 아니었잖아?' 설사 큰 병에 걸렸다고 해도 낙담하지 않고 기뻐하는 것이다. '이 정도인 게 어디야! 수술만으로 나았으니 정말 다행이지.'

재난이 일어났다는 것은 업이 사라졌다는 뜻이다. 큰 재난을 만났든 작은 재난을 만났든, 아무튼 이로 인해 하나의 업이 없어졌다는 사실을 기뻐해야 한다. 도저히 그런 마음이 들지 않는다고 해도 억지로라도 이성을 사용해 '업이 사라졌으니 정말 기쁜 일이야!' 하고 마음에 일러주면 된다.

재난을 만났을 때는 기뻐하라.

이 귀중한 가르침을 준 사람은 니시카타 단세쓰라는 스님이다. 내가 인생의 스승으로 우러르며 모든 일에 관해 조언을 구했던 분이다.

예전에 교세라가 의료용 인공 무릎관절을 정부 인가 없이 제조해 공급한 일로 매스컴에 크게 보도되어 비난받은 적이 있다. 어쩔 수 없는 사정이 있었지만 나는 그에 관해선 어떠한 변명도 하지 않고 고개를 숙여 소비자와 국민들에게 거듭 사죄했다. 교세라 본사 앞에는 연일 방송국과 신문사 기자들이 몰려 있었고 내가 머리를 조아리고 사죄하는 모습이 텔레비전으로 수도 없이 방영되었다. 나는 몸도 마음도 너무 지친 나머지 노스님을 찾아가 상담을 청했다. 스님은 평소처럼 차를 따라주며 내 이야기를 지긋이 들어주었다. 그리고 이렇게 말씀하셨다.

"그거 참 잘된 일이군요. 재난이 닥쳐올 때는 과거의 업이 사라지는 때입니다. 이 정도의 일로 업이 없어지는 것이니 축하해야 마땅하지요."

틀림없이 위로의 말을 건네주실 것이라고 기대했던 나는 노스님의 조언을 듣곤 처음엔 너무 냉정하다고 생각했다. 하지만 그 말씀을 곱씹어 생각해보니 차츰 마음이 치유되고 안정이 되었다. 인생을 살아가면서 재난을 만나지 않는 사람은 없다. 재난과 고통은 예기치 못한 순간에 생각지도 못한 형태로 닥쳐온다. 그럴 때 의기소침한 상태로 절망의 구렁에 빠져 허우적거리기만 한다면, 그저 재난의 아가리 속에 머리통을 내어주는 꼴과 다름이 없다. '이 정도의 곤란으로 과거의 업이 없어졌으니 참으로 다행이야'라고 여기며 감사한 마음으로 새롭게 내딛으면 된다. 이는 인생이라는 만만치 않은 여정을 지혜롭게 살아낼 수 있는 가장 단순한 지혜다.

그렇다면 행운은 어떻게 받아들여야 할까? 수십 년간 나와 일했던 교세라의 한 중역은 내가 젊은 시절부터 "겸허한 마음은 부적과 같다"라는 말을 자주 했다고 알려줬다. 타인에게는 물론이고 자신에게도, 또한 자신을 둘러싼 환경과 상황에도 언제나 겸허한 마음을 잊지 않고 겸손하게 살아갈 수 있도록 자신을 다스리는 일은 대단히 중요하다. 일이 조금 잘되어 간다고 해서 주위 사람들이 추어올리면 금세 마음이 해이해져 마치 실이 끊어진 연처럼 한없이 붕붕 떠다니는 게 우리 인간의 본성이다. **인생의 길을 잘못 내딛는 원흉이 되는 것은 실패나 좌절이 아니었다. 사람을 몰락시키는 것은 늘 성공과 칭찬이었다.**

교세라를 창업한 뒤 경영이 궤도에 올라 웬만큼 이익을 내게 되었을 때 나는 문득 이런 의문이 들었다.

'이렇게 이익이 많이 나고 있는데 왜 내 연봉은 이것밖에 되지 않는가? 내가 세운 회사이고 수익 역시 온전히 나의 능력과 노력으로 만들어지는데 왜 나는 더 많은 돈을 받지 않는 것인가?'

몇 배나 되는 연봉을 받는다고 해서 문제가 될 일은 전혀 없다고 생각한 것이다. 그런 생각이 한 번 머릿속을 스쳐 지나가자 욕심과 불만의 불길은 순식간에 내 마음을 헤집고 다니며 맹렬하게 타올랐다. 그 마음은 자만과 오만으로 바뀌었고 어느새 뒤를 돌아보니 오로지 나만을 생각한 채 구성원들을 무시하고 걸어온 시커먼 발자국이 촘촘히 박혀 있었다. 그때 나는 이렇게 생각을 바로잡았다.

'내가 가진 재능과 능력은 결코 나 자신의 소유물이 아니며, 우연히 내게 주어졌을 뿐이다. 내가 맡은 역할을 다른 누군가가 맡더라도 조금도 이상한 일이 아닐뿐더러 오히려 훨씬 더 잘해낼 수 있다. 게다가 나의 능력과 재능 또한 내 것이 아니어도 전혀 상관이 없다. 그렇기에 그 능력과 재능을 자신만을 위해서 쓸 게 아니라 세상을 위해서, 그리고 인류를 위해서 사용하자.'

능력과 재능은 어째서 개인의 전유물이 아닌가? 인간을 포함한 모든 생물에서 육체와 정신과 의식과 자각을 모조리 분해하고 나면 무엇이 남을까? 생물을 생물답게 하는 속성, 즉 '존재라고밖에 말할 수 없는 것'만 남게 될 것이다. 모든 생명체는 이 '존재의 핵'을 중심에 두고 만들어졌다. 눈에 보이는 꽃과 나비, 나무와 돌덩이 그리고 인간마저도 이 존재의 핵이 서로 다른 모습으로 연기하고 있는 것에 불과하다. 그리고 이 수많은 연기가 모여 우주의 형상을 이룬다. '존재의 핵'이란 바로 우주의 중심인 '진아' 그 자체다.

이 존재의 핵을 제외한 모든 것은 실은 허상이다. 우리가 온전히 '내 것'이라고 믿어 의심치 않는 육신과 감각, 사고와 지능, 돈과 명예, 능력과 재능까지도 모두 잠시 빌린 것이며 어딘가에서 우연히 얻은 부속물에 지나지 않는 것이다. 그러니 '그 공적은 오직 나만의 것이다'라는 생각은 아무런 근거도 실체도 없는 망상에 불과하다. 이 단순한 사실을 깨닫고 나면 저절로 교만과 오만은 사라지고 그 자리에 겸허함이 싹튼다.

행운도 마찬가지다. 행운이란 잠시 우리 삶을 스치고 지나가는 따스한 봄바람 같은 것이다. 그 기분에 취해 우쭐하거나 자만한다면 우주의 힘은 금세 혼미한 정신을 떠나 우리를 외면할 것이다.

'행운은 내 것이 아니다. 그저 잠시 빌린 것뿐이다. 그러므로 언제나 행운을 신중히 받아들이겠다.'

이런 마음을 품고 언제나 조심스럽게 그 기운을 받아들이려는 자세가 중요하다. 이는 불행과 불운도 비슷하다. 모두 잠시 스쳐 가는 인연에 불과한 것이다. **우리가 자신의 소유라고 생각하는 것은 모두 현세에 일시적으로 맡은 누군가의 물건에 불과하다.** 또한 진짜 소유자가 누구인지 우리는 알 수 없다. 그렇기에 만약 놀라운 재능이나 행운을 얻었다면 자만하지 말고 그것을 세상을 위해 베풀어야 한다. 그런 뒤 이 세상에서 생명을 마칠 때가 오면 잠시 맡아두었던 그것들을 말끔히 정리해 원래의 모습대로 하늘에 돌려주어야 한다.

정진 ●

# 내가 60년간
# 한 번도 빠뜨리지 않고 되뇌는 한마디

인간은 혼자 살아갈 수 없다. 공기와 물, 땅과 불이 없다면 하루도 생존할 수 없을 것이고 가족과 동료가 없다면 사회적 삶도 영위할 수 없다. 사람은 누구나 자신을 둘러싼 환경과 사람에게 도움을 받고 의지하면서 살아간다. 이렇게 생각하면 우리는 우선 살아 있다는 데 감사해야 한다. 지금까지 불편을 느끼지 않고 살아갈 수 있었다는 사실과 매일 무탈하게 일에 매진할 수 있는 환경이 갖춰졌다는 사실이 결코 당연한 것은 아니다. '고맙다'라는 일본어의 어원에는 '있을 수 없는 일이 일어난다'는 의미가

들어 있다. 이 말의 의미를 깊이 느낄 수 있다면 저절로 감사하는 마음이 솟아날 것이다. 우리가 살아서 경험하는 모든 일이 사실은 '일어나기 어려운' 일들의 연속이다. 자신을 둘러싼 모든 것에 고맙다는 말을 할 수 있다면 분명 인생은 더욱 행복하고 근사해질 것이다.

지금까지의 인생을 걸어오는 동안 감사한 일을 만날 때마다 무심결에 내 입에서 튀어나오는 말이 있다.

"난만, 난만…"

'난만爛漫'이라는 말의 뜻은 '나무아미타불'을 뜻하는 가고시마 지역의 방언이다. 이 말은 내가 아주 어렸을 때 아버지를 따라 절에 갔다가 비밀 염불 의식에서 배운 말이다. '가쿠레염불'이라고 하는 이 종교 의례는 에도시대 사쓰마번(薩摩藩, 과거 일본 규슈 남부 지역을 지배했던 거대 다이묘 - 역자 주)이 금지시켰지만, 대승불교의 하나인 이른바 정토진종浄土真宗의 신앙을 지키려는 사람들에 의해 은밀히 존속되어 내가 어렸을 때까지도 풍습으로 남아 있었다.

아버지 손에 이끌려 어두운 산길을 걷고 또 걸어서 겨우 도착한 깊은 산속 허술한 오두막집에는 어느 노스님이 불단을 향해 낮은 목소리로 불경을 읊고 있었다. 우리도 자리를 잡고 앉았다. 스님은 독경을 끝내고 참석자 모두에게 한 명씩 나와 불단에 합장을 하라고 했다. 아버지를 따라서 기도를 드리는 내게 스님은 "오늘은 멀리서 어렵게 와줬구나"라고 말씀하시더니 이런 말을 덧붙이셨다.

"오늘 참배에서 너에게 부처님이 허락하셨다. 앞으로는 꼬박꼬박 오지 않아도 된다. 다만 이제는 날마다 '난만, 난만, 감사합니다!' 하는 염불을 읊으면서 부처님에게 감사의 마음을 전하거라."

그로부터 80년 가까이 지난 지금까지도 나는 스님의 이 말씀을 항상 실천하고 있다. 날마다 아침에 세수하면서 주름진 얼굴을 바라볼 때, 문득 깊은 행복감에 젖어들 때, 귀하고 맛있는 음식을 먹을 때 내 귓가에는 늘 그 노스님의 "난만, 난만, 감사합니다!"라는 말이 되살아나 나도 모르게 똑같이 중얼거리곤 한다. 마음속에 꼭꼭 담아둔 이 말은 내 인생의 가장 큰 재산이고 든든한 보루다. 이 말 한마디가 신성한 부적처럼 나를 감싸 안고 거대한 해자가 되어 내 삶을 지켜주고 있다.

행복한 인생을 사는 방법은 너무나 단순하다. 첫째, 언제나 감사하는 마음을 지닐 것. 둘째, 그 마음을 말로 읊조려 겉으로 드러내고 귀로 들을 것. 그다지 특별한 재능이 있는 것도 아닌 내가, 게다가 젊은 시절에는 수없이 많은 실패와 좌절을 맛보았던 내가 경영의 세계에서 **지금 이 나이가 되도록 왕성하게 일을 할 수 있었던 이유는 그저 감사하는 마음을 가슴속에 품고서 항상 그것을 입 밖에 낸 덕분인지도 모른다.**

고난이 닥쳐도 언젠가 터널 끝에 당도할 때까지 눈을 감고 고요히 견딘다. 그리고 항상 감사하는 마음을 품고 겸허하게 자신을 다스린다. 타인에게는 배려와 자상함을 잊지 않는다. 이러한 마음가짐이 바로 각박한 현실에서 아름답고 기쁜 일을 끌어당기는 마중물이 되는 것이다. 아무리 환경이 좋지 않아도 새롭고 깨끗한 마음으로 무언가를 열망하면 자연히 성공할 확률은 높아지고, 그 성공은 아주 오래 지속된다.

일을 하다 보면 머리가 썩 영민하지도 않고 대단한 전문 지식을 갖춘 것도 아니지만, 언제나 순수한 마음으로 행동을 일으키고 꾸준히 노력해서 모두가 불가능하다고 말한 일을 가뿐히 해내는 사람이 있다. 규모가 거대하지 않거나 업력이 길지 않은 조직이라면 물론 처음에는 경영자의 능력과 직원들의 경험 등이 일의 성패를 좌우하는 중요한 자원이 될 것이다. 그러나 사업이 궤도에 올라 이성적으로만 통제할 수 없는 지경에 이르면 그때부터는 분명 **운이라는 거대한 바람의 힘을 받지 않고는 계속해서 성장해 나갈 수 없다.** 이것은 내가 수십 년간 경영자로 일하며 두 눈으로 확인한 사실이다. 인생이든, 일이든, 경영이든 가슴속에 청아한 마음을 품고 있는 자에게 더 강력한 운의 바람이 몰아닥친다. 재주가 뛰어난 사람이 아무리 치밀하게 계획을 세워 집행해도 좀처럼 기대한 결과를 얻지 못한다면 그 동기가 악하고 오만한 마음에서 비롯되었을 확률이 높다. 감사하는 마음이 없는 경영자는 설사 일시적으로 업계에서 큰 성공을 거둔다고 할지라도 언젠가는 반드시 파탄이 나고 만다.

그렇다면 마음을 정화하고 아름답게 가꾸는 방법은 무엇일까? 그것은 지금 자신 앞에 놓인 일에 전심전력을 다해 몰입하는 것이다. 사람은 심신이 모두 일에 몰두해 있을 때 원망이나 미움 같은 잡념이 떠오르지 않는다. 사소한 원한에 얽매이지 않고 오직 지금 왕성히 일을 할 수 있다는 것에 무한한 감사를 느낄 뿐이다. 마치 선승이 좌선을 행하듯이 그때의 마음은 새롭고 아름답기만 하다.

　석가모니가 수행의 길을 설파한 교리인 '육바라밀六波羅蜜'에는 여섯 가지 덕목이 나온다. 그 가운데 '정진精進'이 있다. 어떤 일에도 정성을 다해 매진하고 노력을 멈추지 않는 것이 바로 마음을 갈고닦는 길이라고 석가모니는 가르치고 있다. 마음을 단련하기 위해 굳이 좌선을 하거나 산에 들어가 떨어져 내리는 폭포수를 맞을 필요는 없다. 지금 자신이 하고 있는 일에 온 마음과 온 힘을 다해 몰입하면 된다. 사소한 일 하나에도 진심으로 감사를 표하고, 지금 이 순간에 진지하게 자신의 일에 매진하는 것이야말로 그 무엇으로도 대신할 수 없는 정신 수양이다. 내가 날마다 "난만, 난만, 감사합니다…"라고 되뇌는 이유가 바로 여기에 있다.

무심 ●

## 삶의 모든 기회와 위기는
## 이미 내 마음속에 들어 있었다

감사하는 마음은 자신을 낮추는 마음 없이는 생겨나지 않는다. 현재의 내가 있는 것은 지금까지 나를 지지하고 도와준 수많은 사람 덕분이다. 회사가 존속하는 것은 열심히 일하는 직원이 있고, 또한 제품을 구입해주는 고객이 있기 때문임을 잊지 않아야 한다. 이런 겸손한 마음을 품고 살아야 매사 감사하는 태도가 자연스레 우러나는 법이다.

교토의 작은 공장에서 출발한 교세라에 처음 주문을 넣은 거래처는 마쓰시타전기산업(현 파나소닉) 그룹 산하의 한 계열사였다. 우리는 매번 꼬박꼬박 주문을 넣어주는 데 고마운 마음을 표시하기 위해 '마쓰시타 상'(일본에서는 회사나 기관명에 '상'이라는 호칭을 붙여 친근감을 표시하기도 한다 – 역자 주)'이라고 부르며 거래 관계를 유지했다. 아직 변두리의 작은 공장에 불과한 무명의 기업에 꾸준히 제품을 발주해주는 것이 너무나 감사했기 때문이다. 하지만 대기업의 하청을 받아 제품을 납품하는 것은 결코 녹록한 일이 아니었다. 납기와 품질에 관한 요구 사항은 무척이나 까다로웠는데 특히 가격 면에서는 매년 감가 요청이 들어와 영업부에서는 늘 울상을 지을 수밖에 없었다.

당시 교세라와 마찬가지로 마쓰시타에 자재를 납품하던 몇몇 하청업체는 이러한 일방적인 감가 요청은 하청업체에 대한 갑질이나 다름이 없다며 불평불만을 쏟아냈다. 물론 그 심정도 이해하지 못하는 것은 아니었지만 그럼에도 불구하고 나는 마쓰시타에 대한 고마운 마음을 잊지 않으려 애썼다. 매년 변함없이 발주를 해준다는 점, 그리고 까다로운 조건을 맞추기 위해 교세라의 기술력도 덩달아 단련된다는 점 등을 되새기며 감사하는 마음만은 잊지 않겠다고 다짐했다. 아무리 합격 기준이 까다로운 주문일지라도 '완전 납품'을 위해서라면 반드시 해내고 말겠다는 각오로 일에 매진했다. 통보받은 가격을 그대로 받아들였고 제한된 예산 안에서 이해타산이 맞도록 필사적으로 지혜를 짜냈다.

혹독하고 빠듯한, 그러나 행복하고 뿌듯한 몇 년이 지나 교세라는 미국 시장에 진출했다. 이번에는 당시 거침없이 성장해나가던 한 신생 반도체 기업의 주문을 받게 되었다. 마쓰시타와의 오랜 거래 경험이 밑거름이 된 덕분일까? 교세라의 제품은 현지 하청업체들의 제품보다 월등히 뛰어나다는 평가를 받았고, 심지어 가격까지 훨씬 저렴했다. 엄격한 조건을 충족하기 위해 제품 성능 향상에 끊임없이 매달린 결과였다. 미국 시장 진출 초기만 해도 성공할 수 있을지 자신이 없었는데, 이렇게 큰 성취를 거두자 마음속 깊은 곳에서 절로 감사의 마음이 솟아올랐다. 나는 고개를 숙여 조용히 이렇게 중얼거렸다.

'마쓰시타 상 덕분에 이만큼 성장할 수 있었습니다. 정말 감사합니다.'

감사의 마음을 되새기고 되새겨 그것이 일상의 태도와 자세에 녹아들게 되면 '무심無心'의 상태에 이른다. 무심

의 상태로 하루하루 일에 전심전력을 기울이면 마음이 정화된다. 마음이 맑아진 상태에서 사람은 '우주의 진리'라고도 할 수 있는 일의 본질을 만날 수 있다. 교세라를 창업하기 전, 교토에 있는 고압초자 제조회사에서 세라믹을 연구했을 때 경영은 적자의 연속이었고 임금이 밀리는 일은 너무나 다반사였다. 직원 월급조차 제때 줄 수 없는 회사에서 연구 설비가 풍부할 리 만무했다. 하지만 어쨌든 내 임무는 주어진 조건 속에서 새로운 세라믹 연구를 진행하는 것이었다. 오로지 당장 눈앞에 있는 연구에 몰두하기로 각오를 다졌다. 난관 따위 두렵지 않다는 각오로 온 신경을 집중시켜 맹호 같은 기세로 덤벼들자 마음에서 잡념이 사라지고 마음이 텅 비었다. 수도승이 좌선의 절정에서 '무無'의 경지에 다다르듯이, 사고의 불순물이 머릿속에서 말끔히 사라지고 완전히 새로운 자아로 거듭난 것이다.

　도저히 넘지 못할 것 같은 난관에 부닥쳐 숨이 턱 막히는 무력감에 압도당해본 적이 있는가? 종업원이 수명에 불과하든 수천수만의 직원을 거느리든, 사업을 일으켜 기업을 이끄는 경영자라면 모든 순간이 까마득한 암벽과도 같은 위기의 연속이다. 나는 이 사실조차도 감사한 마음으로 기꺼이 받아들인다.

**'난관이 없었다면 내가 이토록 치열하게 고민할 수 있었겠는가? 인생의 모든 지혜를 짜내 문제를 해결하려고 몰입할 수 있었겠는가?'**

연구자 시절부터 나는 절박한 상황에 내몰려 치열하게 고민한 결과를 틈틈이 메모로 남겼다. 경영자가 되어서도 이 습관을 유지하고 있고, 이러한 다양한 노트와 메모는 교세라의 기업 철학을 지탱하는 원형이 되었다. 나는 이것들이 모두 거대한 난관이 가져다준 선물이라고 생각한다. 위기에 몰리지 않았다면 도저히 생각하지도 못했을 치열한 고민의 흔적이 그 기록들에 고스란히 남아 있기 때문이다. 일을 하다 보면 누구에게나 큰 난관이 찾아온다. 리더와 리더가 아닌 사람의 차이는, 그것을 어떻게 받아들이냐에서 생겨난다. 잊지 마라. 인생의 모든 기회와 위기는 이미 그 사람의 마음속에 들어 있다.

인연 ●

## 인생은
## 만남의 축적이다

누구에게나 인생의 스승이 있다. 나는 자신의 인생에 스승이 없었다고 말하는 사람의 말은 아무리 듣기에 좋아도 결코 믿지 않는다. 인간은 홀로 성장할 수 없다. '스승이 없었다'고 말하는 사람은 이 엄연한 진실을 부정하는 현실 인식 능력이 부족한 사람이거나, 또는 인생의 참스승을 아직 만나지 못해 인간적으로 한 단계 성숙할 기회를 얻지 못한 사람이다.

더 나은 삶을 살아가려면 물론 마음을 갈고닦는 인격의 수양이 필요하지만, 한편으로는 그러한 삶을 살도록 이

끌어줄 사람을 곁에 두는 것도 매우 중요하다. 인생은 수 많은 인연이 축적된 결과라고 말해도 좋다. 이러한 운명 의 스승을 만나려면 어떻게 해야 할까. 이 역시도 전적으로 자신이 어떤 '심성'을 지니고 있는지에 따라 좌우된다. 곁에 참된 스승을 두고 있더라도 조언과 지혜를 받아들일 마음이 없다면 아무 소용이 없다. 그 누구의 말도 겸허하게 받아들일 깨끗하고 순수한 마음을 지니고 있다면 인생을 더 아름답게 가꿀 수 있다.

내가 초등학교를 졸업했을 때는 아직 전쟁 중이었다. 졸업 즈음해서 명문 중학교에 지원했지만 제대로 공부하지 않았으니 합격할 리가 없었다. 당시 중학교에 진학하지 못한 아이들은 초등학교 고등과에 2년간 다닌 후 바로 일자리를 구하는 게 보통이었다. 나도 남들처럼 초등학교 고등과에 입학했으나 얼마 지나지 않아 폐결핵의 초기 증상인 폐침윤에 걸리고 말았다. 이윽고 전쟁의 불길은 더 거세졌고 내가 살던 가고시마의 마을은 연이은 공습으로 잿더미가 되었다. 어느 날 초등학교 담임 선생님이 우리 집으로 찾아왔다. 그러곤 아버지와 어머니에게 "무슨 일 이 있어도 가즈오를 중학교에 보내주십시오"라고 간곡히 말하곤 원서까지 제출해주었다.

중학교 입학 시험 당일, 선생님은 방재 두건까지 뒤집어쓴 채 미열이 있는 내 손을 잡아끌고는 시험장까지 데려다줬는데, 나는 형편없는 건강 상태로 시험을 치른 탓에 두 번 연속으로 낙방하고 말았다. 부모님도 이제는 중학교 진학은 포기하자고 말씀하셨지만 선생님은 다시 우리 집에 찾아와 나를 격려해주었다.

"또 한 군데 사립학교가 있다. 어떻게 해서든 너를 중학교에 보내고 싶구나."

선생님의 열의에 이끌려 나는 사립 중학교에 입학시험을 치르러 갔고 가까스로 합격했다. 만약 그때 선생님이 끝까지 나를 이끌어주지 않았다면 나는 초등학교 고등과만 졸업하고 바로 사회에 나갔을 것이고, 삶의 향방은 크게 달라졌을 것이다.

이러한 행운의 인연은 고등학교에 올라가서도 이어졌다. 3학년 졸업반이었던 나는 이대로 학업을 마친 뒤 하루빨리 취업을 할 생각이었다. 하지만 그때 고등학교 담임 선생님이 "너는 꼭 대학에 가야 한다"라고 강하게 지도해준 덕분에 대학에 진학하게 되었다. 선생님은 우리

집에 두 번이나 찾아와 부모님을 설득했다. 당시 우리 집은 너무나 가난했기에 부모님은 둘째 아들인 나의 대학 진학을 망설였지만, 선생님이 워낙 강력하게 대학교 입학을 권했기 때문에 결국 생각을 바꾸셨다.

"가즈오의 성적은 매우 뛰어납니다. 이대로 취직시키기엔 너무 아깝습니다. 학비는 장학금을 받으면 됩니다. 거기다 아르바이트를 하면 어떻게든 버틸 수 있을 겁니다."

누군가의 헌신적인 노력으로 들어간 대학교였기에 나는 그때까지와는 전혀 다르게 공부에 모든 것을 바쳤고, 주위에서 공부벌레라고 놀릴 만큼 최선을 다했다. 하지만 전쟁 직후 대불황이 온 경제를 휩쓸던 시기였기에 지방대학 출신인 내가 들어갈 수 있는 회사는 많지 않았다. 다행히 대학교 지도교수였던 분이 지인을 통해 교토에 있는 고압초자 제조회사를 내게 소개해주었고, 그렇게 힘써주신 덕분에 나는 간신히 취업을 할 수 있었다.

회사에 들어간 뒤에도 세월은 녹록지 않았다. 대학에서 유기화학밖에 공부하지 않았기 때문에 회사의 연구 개발 업무를 담당하려면 무기화학에 대한 기초 이론을 습득해야만 했다. 그래서 입사 직전 반년 동안은 점토광물을 연구하며 그 성과를 졸업논문으로 작성했다. 다행히 당시 새로 부임한 교수님 한 분이 내 졸업논문을 눈여겨보곤 높이 평가해주었다. 그는 도쿄제국대학(도쿄대학교의 옛 명칭 - 역자 주)을 나와 태평양전쟁이 일어나기 전까지 만주에서 첨단 기술자로 일하며 경금속 제조를 지도한 인물이었다. 교수님은 종종 연구실로 나를 불러 커피를 내려줬다.

"이 논문은 도쿄대학교 학생들에게도 뒤지지 않을 정도로 훌륭하네. 자네는 분명히 훌륭한 기술자가 될 거야."

이분은 내가 취직을 한 뒤에도 가고시마에서 도쿄로 출장을 갈 때마다 교토역에 잠시 들러 나를 만나줬다.

"교토역에 잠시 정차하는 특급열차를 탈 것이라네."

우리는 열차가 역에 머무는 그 잠깐 동안 열차 통로에서서 이야기를 나누었다. 나는 그때마다 일에 관한 고민을 털어놓기도 하고 향후 진로에 대해 허심탄회하게 물어보며 조언을 구했다.

그 무렵 상사와 갈등이 생겨 타협점을 찾지 못하고 회사를 그만두게 되었다. 마침 파키스탄에서 파견 기술자로일할 기회가 생겼는데 나는 한참을 고민하다 교수님께 상담을 요청했다. 파키스탄에서 큰 회사를 경영하는 아버지를 둔 지인이 내게 몇 번이나 입사 제안을 해오던 참이었다. 그때마다 거절했지만 회사를 그만두기로 결심하자 이참에 밖으로 나가 일하는 것도 나쁘지 않을 듯해 구두로 승낙해버린 뒤였다. 그러고는 여느 때처럼 교토역에서 만난 교수님에게 그간의 사정을 전했다. 그러자 교수님은 바로 이렇게 말씀하셨다.

"절대로 가서는 안 되네. 자네가 지금까지 고생해서 얻은 기술력을 파키스탄에서 파는 동안 일본에서는 또 다른 기술이 개발될 걸세. 그럼 다시 돌아왔을 때 자네의 기술은 이미 일본에서 쓸모가 없어질 게 분명하거든."

냉철하고 현실적인 조언을 듣곤 나는 파키스탄행을 단념했다. 그때 만약 파키스탄에 갔더라면 지금의 나는 없었을 것이다.

젊은 시절의 나는 자랑할 만한 재능도 없었고 특별한 기술을 갖추지도 않았다. 하지만 어떤 일이든 진지하게 임했고 오직 한결같은 마음으로 최선을 다했다. 내가 만난 인연들은 모두 그런 나의 태도와 자세, 즉 마음가짐을 보곤 진심에서 우러나온 조언을 해준 것 같다. **마치 열차가 선로의 분기점에서 전혀 다른 목적지로 향하듯, 나의 인생은 그**

**분들과의 만남을 통해 계속 바뀌어갔다.** 그러고 보면 인생이란 참 단순하다. 변함 없는 마음으로 끈덕지게 무언가를 해나가다 보면 분명 소중한 인연을 만난다. 그리고 그들의 진솔한 조언을 받아들여 계속해서 전진하다 보면 삶의 새로운 경지가 열리는 것이다.

## 오직 성공만 생각하고
## 성공할 것처럼 행동하라

인생에는 자신의 의사로는 어쩔 도리가 없는 '타인의 힘'
이 깊이 관여합니다. 하지만 이 '타력他力' 또한 우리의 마
음이 일으키는 '업'의 일종이지요. 불교에서는 이러한 업
이 쌓여 한 사람의 혼이 된다고 믿습니다. 혼이란 한 인간
의 과거와 현재가 쌓인 결과이자 미래를 결정하는 원인입
니다. 한 사람의 삶 그 자체인 것이죠. 그러므로 이 혼을
어떻게 다스리는지에 따라 운을 내 편으로 끌어당길 수도
있고, 멀리 밀어낼 수도 있습니다. 개인의 인생도 마찬가
지이고, 사업의 운명도 마찬가지입니다.

혼의 중심에는 가장 순수한 모습의 자아(마음)인 '진아'가 존재하는데, 이는 인간 정신의 가장 심오한 경지이자 모든 것이 완전한 균형을 이룬 지극히 조화로운 상태라고 할 수 있습니다. 만물에 내재된 진아는 우주의 힘과도 연결되어 있습니다. 꽃이 고개를 들어 주둥이를 활짝 벌린 채 강렬한 태양 에너지를 온몸으로 받아들이듯, 인간 역시 마음속에 있는 진아를 꾸준히 단련해 온 우주에 떠돌아다니는 성공의 기운에 올라탈 수 있습니다.

**진아는 삼라만상 모든 일과 현상의 근본인 '우주의 마음' 그 자체이므로 그곳에 그린 것은 오래지 않아 현실 세계에 형태가 되어 드러납니다.** 부처, 예수, 공자 등 인류의 성인이 단순한 '의지'만으로 '현실'에 영향을 끼칠 수 있었던 이유는 그들이 온갖 마음의 구속에서 해탈해 순수한 진아의 상태로 살아갔기 때문입니다.

『반야심경般若心経』에서 부처는 '진실은 공空이다'라고 가르칩니다. 그는 세상을 살아가며 경험하는 모든 일은 우주에 있는 '단 하나의 진실'이 투영된 세계일 뿐 실체 없는 허상에 불과하다는 것을 일찌감치 깨달았습니다. 저는 바로 이 점이 궁금했습니다. 부처의 깨달음처럼 우주의 진리는 단 하나인데 왜 우리의 인생은 이토록 파란만장하고 고난과 역경으로 가득 차 있으며 호락호락하지 않은 걸까요?

우리는 하루에도 수없이 자주 행복과 불행 사이를 왕래하지만, 그것들은 모두 속세에 더럽혀지고 번롱당한 마음이 만들어낸 환영입니다. 이를 깨닫고 그림자의 사슬에서 해탈할 수 있다면 세상에서 일어나는 모든 일을 손바닥 들여다보듯이 훤히 꿰뚫을 수 있습니다.

불교에서는 분노, 욕망, 어리석음 이 세 가지를 '삼독三毒'이라고 부르는데, 이 삼독은 사람의 마음을 더럽히고 어지럽히는 원흉입니다. 사람은 누구나 일이 안 풀리면 분노를 느끼고 탐욕에 눈이 멀어 무리수를 두고 결국 옳고 그름을 헤아리지 못해 같은 실수를 반복합니다. 똑같은 상황에 처하더라도 이런 혼탁한 마음을 거쳐 구현되는 현실은 똑같이 흐릴 수밖에 없습니다.

**크든 작든 불행은 모두 자신의 마음이 만들어냅니다. 시도 때도 없이 불평불만을 일삼는 마음이 불행을 불러들이는 것입니다.** 삶의 경영도, 회사의 경영도 마찬가지입니다. 불행하다는 불평과 불만이 진짜 불행을 부르고, 실패할지도 모른다는 두려움이 진짜 실패를 부릅니다.

지난날을 돌이켜 보면 반세기가 넘는 세월을 저는 회사 경영이라는 일에 바쳤습니다. 그 길은 결코 편하고 안락하지 않았습니다. 마치 양편에 낭떠러지가 있는 위험천만한 산등성이를 두 눈을 감고 걷는 것만 같았습니다. 하지만 신기하게도 앞으로 나아가며 두려움을 느낀 적은 단 한 번도 없었습니다. 보이지 않는 거대한 존재가 늘 저를 지켜준다고 믿었기에, 저는 그 품에서 확신을 갖고 뚜벅뚜벅 걸어나갈 수 있었습니다. 어쩌면 공포를 느끼거나 주저할 여유조차 없었다고 하는 편이 맞을 것입니다.

문득 자욱했던 안개가 싹 사라져 그때까지 걸어온 길을 뒤돌아보면 눈앞에 깎아지른 듯한 절벽이 펼쳐져 등골이 오싹 얼어붙은 적도 있었습니다. 저의 반평생은 줄곧 이런 위기와 도전이 뒤섞여 있었지만 그래도 늘 마음 한편이 편안했던 것은 '언제나 운은 내 편이다'라는 믿음이 있었기 때문이라고 생각합니다.

'순수하고 아름다운 마음을 품고 한결같이 일에 매진한다면 어떤 일이든 이룰 것이다. 항상 마음을 갈고닦아 운이 모이는 길목에 그물을 쳐두면 아무리 큰 역경에 부딪

히더라도 신은 내게 다정한 미소로 화답해줄 것이다!'

신앙과도 같은 강고한 신념이 저의 내면에서 불쑥 솟아올랐습니다. 이 믿음은 마치 든든한 부적처럼 지금까지 제 인생을 안전하게 지켜줬고 앞으로도 그럴 것이라고 굳게 믿고 있습니다. 인생의 모든 것은 마음가짐이 결정합니다. 그것은 실로 명확하고 엄연한 우주의 법칙입니다.

누구에게나 '지금 이 순간'이라는 시간이 동일하게 주어집니다. 이 시간을 어떤 마음가짐으로 살아가는지가 결국 남은 인생을 결정하는 것이죠. 난데없는 행운이 불쑥 찾아올 때도 있고, 감당할 수 없는 역경에 휘말려 휘청거릴 때도 있을 것입니다. 그것이 인간의 삶이며, 사람들을 이끄는 리더의 숙명입니다. 그리고 이 모든 굴곡은 자연계의 법칙과 동일합니다.

그러므로 지금 아무리 괴로운 상황에 놓여 있거나, 끝없는 터널처럼 사방이 칠흑처럼 어둡다고 해도 포기해선 안 됩니다. 기어코 살아남아 성공하겠다는 그 간절한 마음을 놓지 않는 이상 반드시 운명은 호전되어 여러분께 성공을 약속할 것입니다.

"오직 성공만 생각하고, 성공할 것처럼 행동하라. 마음이 무너지지 않으면 그 무엇도 무너지지 않는다."

이것이 제가 약 90년의 인생을 더듬어 끄집어낸 마지막 깨달음이자, 그 어떤 때보다 불안한 시대를 건너고 있는 여러분께 자신 있게 말할 수 있는 단 하나의 조언입니다.

옮긴이 **김윤경**

일본어 전문 번역가. 현재 출판번역 에이전시 글로하나를 꾸려 다양한 언어의 도서 리뷰 및 번역 중개 업무도 하고 있다. 역서로『철학은 어떻게 삶의 무기가 되는가』,『왜 일하는 가』,『사장의 도리』,『이나모리 가즈오, 그가 논어에서 배운 것들』,『어떻게 나의 일을 찾을 것인가』(근간),『문장 교실』,『63일 침대맡 미술관』,『일을 잘한다는 것』,『초역 다빈치노트』, 『뉴타입의 시대』,『로지컬 씽킹』,『일이 인생을 단련한다』,『나는 단순하게 살기로 했다』 등 60여 권이 있다.

# 왜 리더인가

**초판 1쇄 발행** 2021년 5월 12일
**초판 18쇄 발행** 2023년 10월 23일

**지은이** 이나모리 가즈오
**옮긴이** 김윤경
**펴낸이** 김선식

**경영총괄** 김은영
**콘텐츠사업본부장** 임보윤
**책임편집** 성기병 **디자인** 윤유정 **크로스교정** 조세현 **책임마케터** 이고은
**콘텐츠사업1팀장** 한다혜 **콘텐츠사업1팀** 윤유정, 성기병, 문주연
**편집관리팀** 조세현, 백설희 **저작권팀** 한승빈, 김재원, 이슬
**마케팅본부장** 권장규 **마케팅2팀** 이고은, 양지환
**미디어홍보본부장** 정명찬 **브랜드관리팀** 안지혜, 오수미, 문윤정, 이예주
**크리에이티브팀** 임유나, 박지수, 변승주, 김화정, 장세진 **뉴미디어팀** 김민정, 이지은, 홍수경, 서가을
**지식교양팀** 이수인, 염아라, 김혜원, 석찬미, 백지은 **영상디자인파트** 송현석, 박장미, 김은지, 이소영
**재무관리팀** 하미선, 윤이경, 김재경, 이보람, 임혜정 **인사총무팀** 강미숙, 김혜진, 지석배, 박예찬, 황종원
**제작관리팀** 이소현, 최완규, 이지우, 김소영, 김진경
**물류관리팀** 김형기, 김선진, 한유현, 전태환, 전태연, 양문현, 최창우

**펴낸곳** 다산북스 **출판등록** 2005년 12월 23일 제313-2005-00277호
**주소** 경기도 파주시 회동길 490
**전화** 02-702-1724 **팩스** 02-703-2219 **이메일** dasanbooks@dasanbooks.com
**홈페이지** www.dasan.group **블로그** blog.naver.com/dasan_books
**종이** IPP **출력** 민언프린텍 **후가공** 제이오엘앤피 **제본** 대원바인더리

ISBN 979-11-306-3587-3 (03320)